बारह घंटे

राष्ट्रभाषा हिन्दी एवं हिन्दी साहित्य के प्रचार-प्रसार हेतु सांसद स्थानीय क्षेत्र विकास योजनान्तर्गत माननीय सांसद प्रदीप कुमार सिंह, लोकसभा क्षेत्र अररिया (बिहार) की अनुशंसा पर वित्तीय वर्ष 2022-23 में अररिया जिले के शैक्षणिक संस्थानों में वितरित।

बारह घंटे

यशपाल

विप्लव कार्यालय, लखनऊ
की ओर से

लोकभारती प्रकाशन

विप्लव कार्यालय, लखनऊ
की ओर से
वेबसाइट : www.viplav.com

लोकभारती प्रकाशन
पहली मंजिल, दरबारी बिल्डिंग, महात्मा गाँधी मार्ग
इलाहाबाद-211 001211 001
वेबसाइट : www.lokbhartiprakashan.com
ईमेल : info@lokbhartiprakashan.com
शाखाएँ : 1-बी, नेताजी सुभाष मार्ग, दरियागंज
नयी दिल्ली-110 002
अशोक राजपथ, साइंस कॉलेज के सामने
पटना-800 006 (बिहार)
36-ए, शेक्सपियर सरणी
कोलकाता-700 017

पहला संस्करण : 1963
वर्तमान संस्करण : 2010
पुनरावृत्ति : 2015

त्रिवेणी ऑफसेट प्रिंटर्स
इलाहाबाद द्वारा मुद्रित

BARAH GHANTE
by Yashpal

ISBN : 978-81-8031-503-9

मूल्य : ₹ 150

समर्पण

नर नारियों के जीवन को सार्थक, सफल और उत्साहपूर्ण बनाने वाली जीवन की प्रवृत्ति और उसे चरितार्थ कर सकने के प्रयत्नों के प्रति सहानुभूति में—

—यशपाल

'बारह घंटे' का यह वृतान्त विनी की ओर से पाठकों के सम्मुख अपील के रूप में है।

विनी के व्यक्तित्व तथा प्रकृति और इस घटना से पूर्व उसके व्यवहार के सम्बन्ध में जो भी अधिक से अधिक विश्वासयोग साक्षी प्राप्य थी, पाठकों के समक्ष विचार के लिये प्रस्तुत है। विनी ने जो कुछ कर डाला अथवा जिससे वह बच नहीं सकी, उस वृत्तान्त का पूर्ण ब्यौरा भी पाठकों के सम्मुख है। पाठक विनी के व्यवहार के लिये, उसे अपनी सहिष्णु सहानुभूति अथवा ग्लानि का दण्ड देने से पूर्व, प्राप्त साक्षियों के आधार पर यह ध्यान रखना न भूलें कि विनी के विचार, स्वभाव और व्यवहार में स्वार्थ, उच्छृङ्खलता तथा हेय वृत्ति की प्रवृत्ति थी या नहीं? विनी के लिये प्रेरक कारण उसके व्यक्तित्व और प्रकृति के किस पक्ष में थे?

पाठकों से अनुरोध है कि विनी को प्रेम अथवा दाम्पत्य निष्ठा निबाह न सकने का कलंक देने का निर्णय करते समय, विनी के व्यवहार को केवल परम्परागत धारणाओं और संस्कारों से ही न देखें। उसके व्यवहार को नर-नारी के व्यक्तिगत जीवन की आवश्यकता और पूर्ति की समस्या के रूप में तर्क तथा अनुभूति के दृष्टिकोण से, मानव में व्याप्त प्रेम की प्राकृतिक अनिवार्य आवश्यकता के रूप में भी देखें। क्या नर-नारी के परस्पर आकर्षण अथवा दाम्पत्य सम्बन्ध को केवल सामाजिक कर्त्तव्य के रूप में ही देखना अनिवार्य है? क्या इस समस्या को व्यक्तिगत जीवन की आवश्यकता और तृप्ति के दृष्टिकोण से भी देख सकना सम्भव नहीं।

पाठक विनी के व्यवहार को केवल संस्कारगत नैतिकता के विश्वास से ही नहीं, आधुनिक परिस्थिति बोध से प्रेरित चिन्तन से भी देखने का यत्न करें।

सितम्बर, १९६३

—यशपाल

बारह घंटे

विनी सुबह ही नैनीताल पहुँची थीं और अपनी मौसेरी बहिन जेनी के यहाँ ठहरी थी। उसने मुँह-हाथ धोकर, रेल के सफर और बस में पहनी हुई रेशमी ग्रे साड़ी बदल सफेद साड़ी पहन ली। विनी लखनऊ से एक छोटी बाल्टी में ट्यूबरोज के फूल, मोमबत्ती और अगरु साथ लेती आयी थी। वह तुरन्त कब्रिस्तान जाने के लिए तैयार हो गयी।

जेनी और उसका पति पामर भी सौजन्य में विनी के साथ कब्रिस्तान जाना चाहते थे। उनका अनुमान था—विनी रात भर की यात्रा के बाद कुछ आराम करेगी। उसके स्वास्थ्य के विचार से यही उचित भी होता लेकिन जेनी को उस दिन पूर्व निश्चय के अनुसार, नौ बजे डेण्टिस्ट के यहाँ पहुँचना था। वह और पामर दोपहर के खाने के बाद ही विनी के साथ कब्रिस्तान जा सकते थे।

विनी आठ बजे बहिन के यहाँ पहुँच गयी थी। जेनी डॉक्टर के यहाँ जाने के लिए नाश्ता निबटा रही थी। उस समय जेनी और पामर विनी के साथ कब्रिस्तान नहीं जा सकते थे। विनी तीसरे पहर तक प्रतीक्षा नहीं करना चाहती थी। जेनी ने बड़ी लड़की डेजी से झटपट तैयार हो कर आन्टी के साथ चली जाने को कहा।

डेजी उसी समय सो कर उठी थी। वह लगभग बीस-पच्चीस मिनट में तैयार हो सकती थी। विनी ने कह दिया—लड़की को तकलीफ मत दो। धूप अधिक हो जायेगी, धूप से फूल कुम्हला जायेंगे। वह जरा भी प्रतीक्षा करने के लिये तैयार नहीं थी।

पामर के बहुत आग्रह करने पर विनी ने जैसे-तैसे एक स्लाइस निगल कर चाय का प्याला घुटक लिया। ट्यूबरोज के फूलों को धूप से बचाने के लिये मलमल का टुकड़ा पानी में भिगो कर बाल्टी को ढंक दिया। विनी ने फूलों की बाल्टी हाथ में ले ली। वह मकान के सामने की पगडंडी से रिक्शा लेने के लिये नीचे उतर गयी।

नैनीताल के कब्रिस्तान के फाटक से पति की समाधि की ओर बढ़ते हुए विनी की आँख छलछला आयी परन्तु पति की समाधि पहचान लेने में कोई असुविधा नहीं हुई। समाधि के सिरहाने की ओर दायें हाथ अन्य कब्रों के लिए स्थान अब भी खाली थे। समाधि की संगमरमर की शिला पर और आस-पास की समाधियों पर ढेरों लाल-भूरे तिनके फैले हुए थे। कब्रिस्तान में खड़े देवदार अपनी दीर्घ बाहु फैलाकर समाधियों पर छाया किये थे। इन वृक्षों के सलाइयों जैसे पत्ते सूख कर झड़ते थे तो लाल-भूरी बड़ी-बड़ी सुइयों की तरह समाधियों पर छितरा जाते थे।

विनी ने ट्यूबरोज के फूलों की बाल्टी, मोमबत्ती और अगरु, समाधि की शिला के समीप देवदारों से झड़ी हुई सूखी पत्तियों से ढँकी जमीन पर रख दिये। वह समाधि के समीप पाँव के बल बैठ गयी। सफेद साड़ी के आँचल से समाधि पर फैली हुई धूल और पत्तियाँ झाड़ दीं। शिला को अपने हाथों से यत्न से पोंछते समय उसके आँसू टपकते जा रहे थे। समाधि आँसुओं से पुंछ गयी। फूलों की बाल्टी से मुरझाये ट्यूबरोज खींच कर उन्हें ठीक किया और बाल्टी आदर से समाधि पर रख दी। समाधि पर मोमबत्ती और सुगन्ध जला दिये। समाधि के समीप धरती पर घुटने टेक कर उसने पति की आत्मा की सद्गति के लिये प्रार्थना की।

विनी समाधि के समीप प्रार्थना करते-करते स्मृतियों और कल्पनाओं में बह गयी। ध्यान आने पर फिर प्रार्थना आरम्भ की और फिर स्मृतियों में बह गयी। वह तीसरी बार प्रार्थना समाप्त करके भी न उठी। प्रार्थना की मुद्रा में आँखें मूँदे, गर्दन झुकाये, सीने पर हाथ बाँधे फिर स्मृतियों और कल्पनाओं में खो गयी।

विनी पति की समाधि के समीप आँखें मूँदे, सिर झुकाये बैठी थी। समाधि की संगमरमर की मोटी कठोर शिला, शिला के नीचे तीन-चार फुट मिट्टी की तह और कफ़न के बक्से का काट का आवरण उसकी स्मृतियों और कल्पनाओं की दृष्टि को रोक नहीं पा रहे थे। विनी को समाधि के भीतर रक्खे गये लम्बे बक्स में पति का चेहरा और शरीर झील में डूबने से मृत्यु के कारण नीले और विकृत नहीं, अपितु स्वस्थ और प्रसन्न दिखाई दे रहे थे। वह रोमी नेपियर को उजली सफेद कमीज पर टाई लगाये, डिनर सूट पहिने स्पष्ट देख रही थी। विनी को पति का स्वस्थ शरीर और चेहरा बदलती हुई अनेक भाव-भंगिमाओं में गर्मी-सर्दी की विभिन्न पोशाकों में दिखाई दे रहा था।

विनी की कल्पना में अनेक घटनाओं से सम्बद्ध पति के वार्तालाप, भाव-भंगिमाएँ और बदलती हुई पोशाकों के अवसर और उन प्रसंगों के स्फुट इतिहास पूरे ब्यौरे से सजीव होते जा रहे थे। उसे सुधि न रही, समाधि के समीप कब से बैठी थी।

विनी ग्यारह मास पूर्व पति के साथ नैनीताल आयी थी। भाग्य ने पति को छीन कर वहीं रख दिया था। उसे अकेले ही लखनऊ लौटना पड़ा था।

विनी को समाधि के समीप देवदार के सूखे पत्तों पर टिके घुटनों में असुविधा अनुभव होने लगी तो धरती पर हाथ टेक कर खड़ी हो गयी परन्तु समाधि के समीप से हट न सकी। वह गर्दन झुकाये समीप के शिलापट पर साकार होती हुई स्मृतियों में डूबी रही। थकान के कारण कभी दायें पाँव पर बोझ बदल लेती, कभी बायें पर। स्मृतियाँ निरन्तर सजीव और साकार होती जा रही थीं और उनके सूत्र उसको समाधि के समीप से हटने नहीं दे रहे थे। थकावट से घुटने काँपने लगे तो वह फाटक की ओर लौट पड़ी। विनी की आँखें फिर छलछला आयीं। उसने पर्स में से दूसरा रूमाल निकाल लिया। फाटक की ओर लौटते समय वह आँसू पोंछती जा रही थी।

विनी पति की समाधि से कब्रिस्तान के फाटक की ओर लौटी तो सामने सड़क पर पाँव पसारे, आराम से बैठे पहाड़ी रिक्शा-कुली कपड़े झाड़ते हुए तत्परता में खड़े हो गये। विनी को कब्रिस्तान के निर्जन में आँसू बह आने से संकोच अनुभव नहीं हुआ था। विनी ने आँसू भरी

लाल आँखें बचाये रखने के लिये कुलियों की ओर नहीं देखा, उनकी ओर प्रतीक्षा करने के लिए संकेत कर दिया। वह लौटने से पहले समाधि पर एक बार प्रार्थना कर लेना चाहती थी। वह ड्योढ़ी में पड़ी बेंच पर बैठने लगी तो सुना : गुड मार्निंग।

विनी को दायीं ओर देखना पड़ा—बेंच के दूसरे सिरे पर एक प्रौढ़ सज्जन खड़ा था। विनी को लगा, सज्जन बेंच से उठ कर खड़ा हो गया था। उसने भद्र महिला के आदर में सिर से फेल्ट हैट उतार कर गुड मार्निंग कह दिया था। विनी की डबडबाई गुलाबी आँखें अपनी ओर होने पर प्रौढ़ सज्जन ने बहुत गहरे निश्वास से कहा : ईश्वर आपको धैर्य, व्यथा को सह सकने का बल और शांति दे। सज्जन शिक्षित भारतीय ईसाई समाज के साधारण अभ्यास के अनुसार अंग्रेजी में बोला था।

विनी ने गहरे निश्वास से सज्जन की सहानुभूति के लिये धन्यवाद दिया और अपनी आँसू भरी गुलाबी आँखें संकोच से झुकाये बैठ गयी और बेंच के बायें बाजू की टेक ले ली। विनी के बैठ जाने पर प्रौढ़ सज्जन ने भी बेंच के दायें सिरे पर सिमिट कर बैठ गया। उसने फेल्ट हैट बेंच पर रख दिया और दोनों हाथ लिपटी हुई छतरी की मूठ पर टिका लिये। उसकी गर्दन प्रार्थना और गहरी समवेदना की मुद्रा में झुक गयी।

विनी अपने गहरे शोक को किसी से नहीं बँटाती थी। किसी की ओर न देख कर वह अपने शोक में डूबी रहती थी। किसी के सामने आँसू भरी आँखों से अपनी विह्वलता प्रकट करना उसे आत्म-सम्मान के अनुकूल नहीं जँचता था। शोक में डूबी वह न दूसरों की ओर देखना चाहती थी और न अपना अभ्यंतर दूसरों को दिखाना चाहती थी परन्तु बेंच के दूसरे सिरे पर बैठे व्यक्ति का शोक-विजड़ित मुद्रा से और उसके गहरे श्वासों से सम्प्रेषित मौन समवेदना और सहानुभूति अनुभव न करना सम्भव नहीं था। उस व्यक्ति की उपस्थिति से विनी को संकुचित और खिन्न नहीं किया। उससे पायी समवेदना के धन्यवाद में एक गहरे निश्वास से सोच लिया—स्वयं कोई अभागा...।

विनी बेंच के दूसरे सिरे पर बैठे हुए, स्वयं अपने शोक और उसके प्रति समवेदना में गर्दन झुकाये सज्जन से आँखें बचाये थीं। विनी की झुकी हुई दृष्टि फाटक के बाहर सड़क की ओर थी। फाटक के कोने के पास सड़क पर धुएँ का तार छोड़ता हुआ आधा सिगरेट, उसी के समीप

बेंच पर बैठे सज्जन की उपस्थिति का संकेत कर रहा था। उस व्यक्ति ने विनी के आदर में खड़े होकर, सिर से टोपी उतार सकने के लिए ही वह अधजला सिगरेट फेंक दिया था। विनी सज्जन को नहीं देख रही थी परन्तु वह सिगरेट विनी को उसकी उपस्थिति के प्रति सचेत बनाये था।

विनी की वियोग-व्यथा में एक सूक्ष्म-सी टीस मिल गयी—कोई वियोग व्यथित बेचारा···सम्भ्वतः पत्नी···ओफ!

विनी को लाने वाले रिक्शा कुलियों को विलम्ब खल रहा था। वह बेंच पर कुछ देर विश्राम करके भी लौटने के लिये सड़क की ओर न बढ़ी तो एक कुली ने विनी की ओर बढ़ कर दुहाई दी : मेम साहब, बहुत देर हो गया, हम कब तक बैठेगा! पादरी आ जायेगा।

विनी ने कुली की ओर नजर उठा कर उत्तर देने के लिये श्वास लिया और बोल सकने के लिये गले में भर आये आँसुओं को निगला।

बेंच के दूसरे सिरे पर बैठा सज्जन कुली को सम्बोधित कर, विनी की ओर से आर्द्र स्वर में बोल उठा : भाई, जरा और ठहर जाओ, कोई बात नहीं···!

कुली ने फिर आपत्ति की : आप तो अभी आया है, हम दो घंटे से बैठा है। कुली ने आकाश की ओर संकेत किया : वह पछाँही बादल देखता है, बहुत जोर का पानी आ रहा है साहब!

सज्जन उठ कर खड़ा हो गया था। उसने विनी के बोल सकने से पहले ही, विनी की मनोवस्था के प्रति सहानुभूति से, बहुत धीमे स्वर में कुलियों से उतावली न करने का अनुरोध किया।

विनी ने कृतज्ञता में सज्जन की तरफ देखा। वह विनी की ओर देखे बिना छतरी टेकता कब्रिस्तान के भीतर चला गया था। विनी कब्रिस्तान से लौटने के पहले पति की समाधि पर एक बार प्रार्थना कर लेना चाहती थी। उसने कुलियों को आश्वासन दिया : तुम्हारा टाइम ज्यादा लगेगा तो थोड़ा पैसा और दे देंगे।

कुलियों ने असंतोष प्रकट किया : आप पैसा दे देगा···हमारा रिक्शा का टैम खतम हो गया!

दूसरा कुली बोल पड़ा : देखो, यह कैसा पानी आता है! उसने आकाश की ओर हाथ उठाया : हम इतनी देर से कह रहा था—चलो, चलो···।

कब्रिस्तान का चौकीदार टहलता हुआ ड्योढ़ी में आ गया था। वह कुली को समझाने के लिये बोला : पानी में अब देर क्या है! पानी तो आ गया समझो! तुम लोग कालाखान पहुँचते-पहुँचते भीग जाओगे। यहाँ फाटक में बैठ कर पानी से बच जाओगे।

विनी कई वर्ष रानीखेत के कन्वेंट स्कूल में पढ़ी थी। कुमायूँनी बोल न सकने पर भी समझ खूब लेती थी। भारी वर्षा की सम्भावना सुन कर शीघ्र एक बार फिर समाधि पर हो आने के लिये उठ जाना चाहती थी।

कुलियों में से एक ने हँस कर प्रौढ़ सज्जन की ओर संकेत किया : अब ठहर जाने को कह रहा है, पानी आयेगा तो इस बूढ़े साहब की अच्छी बिल्ली बनेगी!

कब्रिस्तान के चौकीदार ने कुली को उत्तर दिया। इस बुड्ढे की भली कही! इसे ओला और बरफ नहीं रोक सका, वह पानी की क्या परवाह करता! जाने कितनी बार भीगा होगा, पर भाई, बड़ी लगन का है। बरफ हो, ओला-पानी हो, यह पाँच महीने से रोज इस समय आता है। पैदल आकर बेंच पर बैठ कर एक सिगरेट पीता है। फिर अपनी सैणी (घरवाली) की कब्र पर दुआ करता है। लौट कर बेंच पर एक सिगरेट फिर पीता है और लौट जाता है। किसी से बोलता नहीं।

रिक्शा कुली हंस दिये : बूढ़ा पागल होगा, क्या मिलता है इसे! चौकीदार ने कुली को डाँट दिया : पागल हो तुम, तुम लोग क्या सकझते हो इन बातों को। ऐसे लोग भगवान् के बड़े भक्त होते हैं; ऐसे नहीं कहते।

विनी अपनी व्यथा में डूबी चौकीदार और कुलियों की बातचीत की ओर ध्यान नहीं दे रही थी परन्तु उनकी बातें उसके कानों में पड़ ही रही थीं। सहानुभूति का एक निःश्वास उठ गया—उफ···बेचारा! विनी पति की समाधि पर फिर एक बार और प्रार्थना करने के लिये उठ कर ड्योढ़ी के भीतर चली गयी। पति की समाधि के समीप घुटने टेक कर पति की आत्मा की शान्ति के लिये प्रार्थना करते हुए उसकी कल्पना फिर संगमरमर की शिला और मिट्टी के नीचे गहराई में पति को देखने लगी।

पति की आत्मा की शान्ति और सद्गति के लिए प्रार्थना समाप्त हो जाने पर भी विनी का मन लौट जाने के लिये नहीं हो रहा था। मन में टीस-सी उठी···वह न लौटे! समाधि की शिला और मिट्टी को फोड़

कर पति के साथ जा लेटे। सहसा उसकी कल्पना पलट गयी···वह स्वयं समाधि की शिला और मिट्टी के नीचे गहराई में कफन में लेटी हुई है। उसका पति रोमर नेपियर समाधि के समीप खड़ा हुआ उसकी सद्गति के लिये प्रार्थना करके, उसकी स्मृति में, अपनी पत्नी के वियोग में व्याकुल सज्जन की तरह विह्वल हो रहा है। काश ऐसा ही होता···मैं यहाँ होती···रोमी प्रतिदिन मेरी समाधि पर आता···ईश्वर इच्छा से ऐसा ही चमत्कार हो जाये···।

विनी के हृदय से बहुत गहरा निश्वास उठा और पलकों में दृश्य बदल गया—कफन में वह स्वयं मौन, स्तब्ध लेटी हुई है। मुँदी हुई पलकों से देख रही है···समाधि के समीप खड़ा उसका पति उसकी आत्मा की शांति के लिये दुआ माँग रहा है। पति के आँसू बहते जा रहे हैं। वह समाधि के किनारे खड़ा निरन्तर उसे देख रहा है। समाधि से लौट जाना उसके लिये कठिन है···और कानों में गूँज गया···इसे बरफ, ओला-पानी, आँधी नहीं रोक सके, यह पानी की क्या परवाह करता है···जाने कितनी बार भीगा होगा···बरफ हो, ओला-पानी हो, आँधी हो, यह रोज इस समय आता है···किसी से नहीं बोलता···।

विनी कल्पना में खो गयी···वह समाधि की शिला के नीचे गहराई में लेटी है। उसके लिये विह्वल रोमी समाधि के समीप खड़ा, गर्दन झुकाये उसकी ओर देख रहा है। उसकी स्मृति में रोमी का स्वस्थ, सुडौल चेहरा उसके लिये तड़प कर, आँसू बहा-बहा कर पीला और अस्वस्थ-सा हो गया···।

याद आया, रोमी के केशों में जहा-तहाँ चाँदी के तार झलकने लगे थे। बहुत प्यारे लगते थे। अब विनी को कल्पना में समाधि पर खड़े रोमी का सिर, ड्योढ़ी में उससे समवेदना प्रकट करने वाले, अपनी पत्नी के लिये शोकार्त व्यक्ति की तरह काफी खिचड़ी दिखायी दिया।···वह महीनों से कफन में स्तब्ध और मौन लेटी हुई है। पृथ्वी को सौंप कर रोमी का विह्वल, अधीर हृदय मुँह को आ रहा है।

विनी स्वयं कफन में अपने लिये पति की व्यथा, विह्वलता और वेदना की कल्पनाओं से व्याकुल हो गयी···।

बादलों की भयंकर गरज और हवा के तेज झोंके ने विनी को कुली की बात याद दिलायी। पानी आ गया था।

विनी ने पति की आत्मा को शान्ति के लिए एक बार और दुआ माँग कर कल्पना में पति को प्यार किया और विवशता का दीर्घ निःश्वास ले, आँखें पोंछती हुई ड्योढ़ी की ओर लौट पड़ी।

विनी के चेहरे और बाँहों पर दो-चार बूँदें आ पड़ी। शरीर में फुरहरी अनुभव हो गयी। ड्योढ़ी की ओर कदम बढ़ाते हुए उसकी कल्पना फिर पलट गयी···वह तो कफन में मौन स्तब्ध लेटी रह गयी है। उसके वियोग में अधीर और विह्वल रोमी विवशता में समाधि से लौटा जा रहा है। उसके पाँव नहीं उठ रहे हैं···।

बूँदें बढ़ रही थीं। फाटक की ओर जाती विनी की गहरी व्यथा में एक और टीस मिल गयी थी। उसके अपने वियोग के दुःख में, पत्नी के लिये विह्वल पति के प्रति सम्वेदना मिल गयी।

आँधी और बादल कब्रिस्तान की ड्योढ़ी में विनी के सुरक्षित पहुँच जाने की ही प्रतीक्षा कर रहे थे। उसने ड्योढ़ी में कदम रखा ही था कि आँधी का भयंकर झोंका आ गया और बादलों में रुका पानी मूसलाधार गिरने लगा।

विनी की दृष्टि फिर प्रौढ़ सज्जन पर पड़ी। सज्जन बेंच के दीवार से लगे, आँधी और बौछार से सुरक्षित कोने में बैठा सिगरेट सुलगाये था। वह विनी को देख कर फिर आदर में खड़ा हो गया। उसने आधे से भी कम जला सिगरेट सड़क की ओर वर्षा में फेंक दिया और विनी के आदर में सिर से टोपी उतार ली।

कुलियों ने बूँदें आरम्भ होते ही रिक्शा के टप्पर पर्दा बाँध दिया और रिक्शा को ड्योढ़ी के समीप ओट में ले आये। विनी रिक्शा की ओर कदम बढ़ा रही थी। आँधी पानी के कोलाहल के कारण बात सुनायी देना कठिन था। प्रौढ़ की दृष्टि विनी से मिली। उसने धीमे से कहा : गुड बाई।

विनी कुलियों से बातचीत में सहृदय सज्जन की सहायता के लिये कृतज्ञता प्रकट नहीं कर सकी थी। वह विनी के कुछ बोल सकने के पूर्व ही ड्योढ़ी के भीतर समाधियों की ओर चला गया था। विनी ने उसे कृतज्ञता में धन्यवाद दिया और विनय की मुस्कान के असफल प्रयत्न से उत्तर दिया : गुड बाई।

वियोग की विह्वलता ने भी विनी का विनय के लिये प्रयत्न सज्जन के हृदय को छू गया। सज्जन ने फिर द्रवित स्वर में समवेदना प्रकट की : ईश्वर आपको वियोग-व्यथा सहने के लिये साहस और धैर्य का बल दे, शांति दे।

विनी ने धन्यवाद प्रकट करने के लिये प्रौढ़ की ओर आँखे उठायीं। वायु ने विनी के सिर से आँचल गिरा दिया था। आँचल को सिर पर खींच रिक्शा की ओर कदम बढ़ाते हुए उसने सज्जन को एक बार और धन्यवाद देकर गुड बाई कहा।

सज्जन विनी की ओर दो कदम बढ़ आया और झिझक कर बोला : क्षमा कीजिये, रिक्शा में पानी आ जायेगा। आप दस-पाँच मिनट प्रतीक्षा कर लें। आँधी-पानी में इस सड़क पर, ऊपर की ढलवानों के जंगलों से पत्थर, पृक्ष या टहनियाँ भी गिरने लगते हैं।

विनी ने ठिठक कर सज्जन की ओर देखा। सज्जन ने आश्वासन दिया : आँधी दस-पन्द्रह मिनट में निकल जायेगी। सज्जन ने चलने के लिये तैयार कुलियों को सम्बोधन कर ऐसी अवस्था में प्रतीक्षा कर लेने का परामर्श दिया। कुली स्वयं ही तेज आँधी-पानी से झिझक रहे थे।

विनी ने हवा के वेग के कारण मुँह और नाक आँचल से ढँक लिये थे। उसने घूम कर बेंच की ओर देखा। बेंच के जिस सिरे पर पहले बैठी थी, वहाँ अब बौछार से छींटें आने लगे थे। सज्जन ने विनी से अपने स्थान पर बैठ जाने का अनुरोध किया और स्वयं खड़ा रहा। विनी धन्यवाद देकर बैठ गयी।

विनी को सज्जन का स्थान लेकर उसे खड़े रखने में संकोच अनुभव हुआ। आप भी बैठिये : उसने सज्जन को सम्बोधन किया और जरा दाहिने दब गयी। सज्जन वर्षा के छींटों से बच कर, विनी की सुविधा के लिये प्राय: हाथ भर स्थान छोड़ कर बेंच पर बैठ गया। उसने छतरी सामने टिका कर दोनों हाथों से उसकी मूठ का सहारा ले लिया था; दृष्टि ड्योढ़ी से बाहर वर्षा पर लगाये था।

आँधी और वर्षा के कारण कुली भी ड्योढ़ी में सिमिट आये थे।

विनी सज्जन से एक हाथ के अन्तर पर बेंच के दाहिने सिरे पर बैठी थी। आँधी और वर्षा से सहसा ठंडक हो जाने के कारण कुछ सिकुड़

गयी थी। उसे लखनऊ से चलते समय गरम कपड़े लेने का ख्याल ही नहीं आया था। गनीमत थी, कब्रिस्तान की ओर चली थी तो जेनी ने अपनी सफेद ऊनी कोट उसे पहना दी थी। ठंडी हवा की सिहरन से आँचल नाक और होंठों पर रख लिया था। दृष्टि बायीं ओर बैठे प्रौढ़ के चेहरे को बचा कर सड़क पर प्रबल आघात करती वर्षा को देख रही थी।

विनी गहरे शोक में डूबी हुई थी। उसकी संसार से विमुख निरुद्देश्य दृष्टि सड़क पर प्रहार करती वर्षा की ओर थी। समीप बैठे प्रौढ़ के चेहरे को न देखने पर भी उसकी उपस्थिति मस्तिष्क में बनी हुई थी। उसकी अपनी व्यथा में भी सूक्ष्म-सी कौंध का अनुभव हो जाती···ऐसे आँधी-पानी ओले-बर्फ में नित्य पत्नी की समाधि पर आने वाला···। कल्पना में दिखने लगता—समाधि की शिला के नीचे गहराई में लेटा रोमी···। दूसरे क्षण कल्पना करवट लेती···वह स्वयं कफन में लेटी हुई है। शोक-विजड़ित रोमी समाधि पर खड़ा है···समीप बैठे हुए प्रौढ़ जैसा चेहरा उदास, शोक से स्तब्ध···। विनी को विलम्ब खल रहा था परन्तु उस आँधी-पानी में कैसे चल पड़ती!

जेनी पति के साथ जर्मन डेण्टिस्ट के यहाँ निश्चित समय पर पहुँच गयी थी। डाक्टर दूसरा केस अटैण्ड कर रहा था। उस केस में डाक्टर को काफी समय लग गया। जेनी की दाढ़ में चाँदी भरी जाने में अधिक समय न लगा। जेनी और पामर डाक्टर के बँगले से चले तो दस बज चुके थे। पामर बाजार के पहले मोड़ से ही बैंक की ओर चला गया था।

जेनी यथासमय जल्दी घर पहुँच जाना चाहती थी—शायद विनी लौट आयी हो या लौटने वाली हो। विनी उतावली में ब्रेड का एक टुकड़ा और चाय की प्याली लेकर सेमेट्री चली गयी थी। जेनी जानती थी, विधवा हो जाने के बाद से विनी का स्वभाव और व्यवहार एकदम बदल गये थे। अब वह स्वयं किसी बात के लिए कहेगी नहीं। बहुत आग्रह किये बिना कुछ लेगी भी नहीं। लड़कियाँ अल्हड़ हैं, बेचारी की घायल मन:स्थिति को क्या समझें। ठीक से ध्यान दें, न दें···लड़कियाँ पौने दस बजे स्कूल चली गयी होंगी। विनी लड़कियों के चले जाने के बाद सेमेट्री से लौटी होगी तो किसी कोने में बैठ गयी होगी या सफर के उनीदे में थकावट से पड़ कर सो गयी होगी।

जेनी डाक्टर के यहाँ जाते समय लड़कियों को खास ताकीद कर गयी थी—आन्टी लौटे तो सावधानी से नाश्ता करा देना। लड़कियों के कमरे में विनी के लिए एक और पलंग डलवा कर बिस्तर भी लगवा गयी थी।

जेनी डाक्टर के यहाँ से लौटते समय सोच-सोच कर विस्मय कर रही थी—हाय, विनी को हो क्या गया है! इतनी लापरवाही! बिस्तर के नाम पर क्या लायी है; दरी, तकिया और चादर···दो-दो लांग कोट और शार्ट कोट साथ लेकर नैनीताल आती थी, अब एक भी गर्म कपड़ा साथ नहीं।···कितनी बार नैनीताल आ चुकी है। यह भी भूल गयी कि नैनीताल के इन दिनों लिहाफ की जरूरत होती है। कम्बल तक ले आने का ख्याल नहीं किया।

जेनी जानती थी, विनी जीवन से उपराम हो रही है लेकिन विनी पिता और पति की स्थिति के कारण समाज और बिरादरी में जो आदर और सम्मान पाती रही थी, जेनी उसमें कोई कमी अनुभव नहीं होने देना चाहती थी। विनी के पिता डाक्टर बेंजामिन सिंह अल्मोड़ा के पहाड़ी प्रदेश के ठाकुर थे। समाज में उनकी प्रतिष्ठा थी। विनी का रंग काफी गोरा और आँखें कुछ भूरी थीं। ईसाई समाज में ऐसा रूप विशेष सौभाग्य माना जा सकता था। ऐसे रूप से ब्रिटिश रक्त के पुट की भ्रान्ति का लाभ उठाया जा सकता था। विनी ने कान्वेन्ट में शिक्षा पायी थी। समाज में विनी के व्यक्तित्व और व्यवहार का भी आदर था। रोमर नेपियर लोकोशॉप में फोरमैन था। उसके ओहदे के कारण भी सम्बन्धी विनी की खातिर का सदा विशेष ध्यान रखते थे।

जेनी लखनऊ में दो बार विनी की मेहमान रह चुकी थी। उसके रहन-सहन के ढंग और स्तर से काफी प्रभावित थी। विनी अतिथियों की खूब खातिर करती थी। बंगले में फूल-फुलवाड़ी, खानसामा, माली; बिलकुल यूरोपियन ढंग।

जेनी सद्यः विधवा कजिन के प्रति पुरानी ममता और आदर में किसी प्रकार की न्यूनता अनुभव नहीं होने देना चाहती थी। विनी विधवा होकर संसार से उपराम और उदास हो गई थी। सम्बन्धियों से भी दूर रहने लगी थी परन्तु वह यह क्यों समझे कि जेनी उसकी परवाह नहीं कर रही थी! जेनी किसी बात से उपेक्षा अनुभव कर लेगी तो बहुत बुरा होगा।

जेनी को डाक्टर के यहाँ से लौटते समय मल्लीताल के बाजार में फल वाले के यहाँ चौबटिया के आडू के अलुचे दिखायी दिये। दाम अधिक लगे पर सोचा—विनी चार दिन के लिये आयी है। कुछ फल ले लिये। मार्मलेड का छोटा डिब्बा भी खरीद लिया। जल्दी करने पर भी जेनी को घर पहुँचते-पहुँचते साढ़े दस बज गये।

जेनी घर पहुँची तो विनी नहीं लौटी थी। लड़कियाँ स्कूल जा चुकी थीं। जेनी ने खानसामा शीबू को समझा कर विनी के लिये नाश्ते की सब तैयारी करा दी। विनी की खातिर के प्रबन्ध में जो कमी रह गयी थी, जेनी उसे पूरा करने लगी। विनी के लिये लगाये पलंग के समीप नीची, गोल तिपायी रखवा दी। तिपायी पर कढ़ा हुआ मेजपोश बिछा दिया। काँच के जग में पानी और एक स्वच्छ गिलास रख दिया। जग को किनारों पर मनके लगे जाली के गोल रूमाल से ढँक दिया। तिपायी पर एक फूलदान रख दिया और नीले हाइड्रंजिया के फूल का एक खूब बड़ा गुच्छा भी सजा दिया। फूल रखते समय जेनी के हृदय में उसास उठ आयी—हाय कितनी शौकीन थी, फूलों से कितना प्यार था, कितनी हँसमुख थी!

विनी सेमेट्री से बारह बजे तक भी न लौटी तो जेनी के मन में चिन्ता सिर उठाने लगी। ख्याल आने लगा बहुत देर हो गयी है। आने-जाने में घण्टे-डेढ़ घण्टे से अधिक समय नहीं लगना चाहिये था। वह विनी के साथ पिछले वर्ष दो बार सेमेट्री तक गयी थी। अनुमान किया, सेमेट्री की ड्योढ़ी में बैठ गयी होगी कि एक बार और समाधि को देख ले, दुआ माँग ले। फिर भी अब तक लौट आना चाहिए था।

शीबू सूखने के लिए डाले हुए कपड़े उठा लाया। उसने बताया—बादल चढ़ रहा है। जेनी को ख्याल आया—हाय, बारह बज चुके हैं। विनी के लिए चिन्ता दुश्चिन्ता में बदल गयी···विनी को क्या हो गया? अब तक तो कभी का लौट आना चाहिये था। बारिश से सर्दी हो जायगी, कहीं सर्दी न खा जाये! एक कोटी तो पहिना दी थी। साथ कुछ नहीं ले गयी, छतरी भी नहीं। ओ गाड!···विनी की चिन्ता में जेनी को याद आ गया—पिछले साल रोमी को समाधि दी जाने के दूसरे दिन विनी के साथ कब्रिस्तान गयी थी। वहाँ विनी को मूर्छा आ गयी थी। उसे पामर और

एडिथ की सहायता से उठा कर ड्योढ़ी तक लायी थी। बेंच पर लिटा देना पड़ा था।··· । मूर्छा टूटी तो समाधि की ओर चल दी थी। ···रौशर हाल में अकेली होती तो मूर्छा आ जाती थी। चिन्ता और सहानुभूति में कोई समीप बना रहना चाहता तो स्वयं उठ कर अकेले में जा बैठती या लेट जाती।···परमेश्वर न करे, समाधि पर पहुँच कर स्मृति के बोझ से, भावोद्वेग में कहीं मूर्छित न हो गई हो! ···हे ईश्वर अकेली मूर्छित पड़ी होगी तो···इस आँधी-पानी में उसका क्या होगा?

बहुत जोर का आँधी-पानी आ गया था। साढ़े बारह बज गये, विनी तब भी नहीं लौटी थी। जेनी की चिन्ता भयंकर आशंका बन गयी···मैंने तो कहा था, साथ चली जाती हूँ, डाक्टर के यहाँ फिर चले जायेंगे। पामी नहीं माना, अपाइन्टमेंट फेल नहीं करना चाहिये। उसे समझाया भी था, अकेली न जाओ। डेजी को साथ ले जाओ। लड़की जाने को तैयार थी। विनी उतावली हो उठी—डेजी को नहाने और फ्रॉक बदलने में देर हो जायेगी। अकेली ही चली गयी! ओह त्राता! मुझे ही ख्याल क्यों नहीं आया! समाधि पर जाकर उसका क्या हाल होगा···!

जेनी को चिन्ता में याद आ गया, चार-पाँच महीने पहले लखनऊ से थेल्मा ने लिखा था—विनी को समझा-बुझाकर रेडक्रॉस में काम दिलवा दिया है परन्तु उसकी हालत अच्छी नहीं है। जिस दिन रीमा दिल्ली से लौटी, शाम को मूर्छा आ गयी थी। पार्कर ने बहुत समझाया, मिस डेविड को हार्ट दिखा लें। डाक्टर बेचारी सहानुभूति में घर पर आकर देख जाने को तैयार थी। इससे फीस थोड़े ही माँगती पर विनी ने इनकार कर दिया—मैं कौन मरी जा रही हूँ, मुझे डाक्टर की जरूरत नहीं!··· परमेश्वर न करे, समाधि पर ही मूर्छित न पड़ी हो, मूर्छा में कीचड़-पानी से लथपथ न हो गयी हो···उसे लायेंगे कैसे। भीग कर सर्दी से···पामी नहीं माना, उसके सेमेट्री न जाने से अच्छी-खासी मुसीबत की आशंका सिर पर आ गयी है।

पानी मूसलाधार बरसता जा रहा था। विनी की चिन्ता में जेनी पिंजड़े में बन्द गिलहरी की तरह छटपटा रही थी। वह पल अपने बेडरूम में जा लेटती, पल लड़कियों के कमरे में जाकर देखती, पल बरामदे में जाकर पगडंडी की ओर झाँकने लगती, फिर निराश हो पलंग पर लेट जाती।

जेनी के मन में आया—शीबू को छतरी देकर कब्रिस्तान में देख आने के लिए भेज दे परन्तु पति के लिए बैंक में लंच भेजने का समय हो रहा था। यह भी सोचा, अगर कोई गम्भीर स्थिति हुई तो शीबू ही कर क्या पायेगा!

शीबू टिफिन के डिब्बे पोंछता हुआ आया। साहब के लिए लंच दीजिये, दे आऊँ।

बहिन के लिए चिन्ता की व्याकुलता में जेनी के लिये कुछ भी कर सकना संभव न था। बोली : लंच रहने दो। एक चिट्ठी देती हूँ, दौड़ कर साहब के पास ले जाओ।

शीबू ठीक एक बजे बैंक में पामर की मेज़ के समीप पहुँच गया। पामर ने देखा शीबू के हाथ में टिफिन कैरियर नहीं था। उसे नौकर के चेहरे पर चिन्ता का भाव लगा। शीबू ने पत्र जेब से निकाल कर पामर के हाथ में दे दिया। पामर ने पत्र खोला—

डियर पामी, तुम परेशान होगे, विनी अभी तक नहीं लौटी है। मेरा मन बहुत घबड़ा रहा है। उसे साढ़े-दस ग्यारह तक लौट आना चाहिए था। मेरा मन आशंकाओं से दहल रहा है।

पामर के लिये पत्नी का संदेश पाकर तुरन्त घर पहुँचना आवश्यक था, परन्तु चीफ एकाउन्टेन्ट साहब के मिजाज का भी ध्यान रखना पड़ता था। सुबह वह डाक्टर के यहाँ जाने के कारण तेरह मिनट लेट पहुँचा था तो शर्मा साहब ने उसकी ओर भवें ऊँची कर देखा और नजरों से घड़ी की ओर संकेत कर दिया था। अब फिर काम छोड़ कर जाने की आवश्यकता आ पड़ी थी। पामर सहमता हुआ शर्मा साहब के पास गया और पत्नी का संदेश बताकर छुट्टी ले ली।

पामर घर पहुँचा तो विनी नहीं लौटी थी। जेनी को घबराहट से सिर दर्द हो गया था। उसने दोनों हाथों से सिर दबा कर आँखों में आँसू भर, दबे स्वर में बहिन के लौट न सकने के विषय में आशंकापूर्ण अनुमान पति को बता दिये।

विनी के न लौटने से पामर भी चिन्तित हो गया था। पत्नी का अनुमान सुन कर उसे भी आशंका अनुभव हुई। चिन्ता से बोला : यह सब सुबह क्यों नहीं सोचा था? तुमने उसी समय ऐसी आशंका का

आभास दे दिया होता तो मैं उसको किसी न किसी तरह रोक लेता या तुम डाक्टर के यहाँ अकेली चली जाती, नहीं तो मैं कहीं से फोन करके डाक्टर से अपाइन्टमेंट कैंसल करा देता।

जेनी को बहिन के लिए अपनी अधीरता में पति से सान्त्वना और सहायता की तत्परता के स्थान पर झुंझलाहट पाना अच्छा नहीं लगा। याद दिलाने से कोई लाभ नहीं था कि सुबह पामर ने ही डाक्टर के यहाँ समय पर न पहुँचना अशिष्टता बतायी थी। वह झुंझल उठी : मैं आशंका और भय से मरी जा रही हूँ, तुम मुझ पर ही बिगड़ रहे हो। मुझे उस समय क्या अनुमान हो सकता था। मूर्छा का दौरा उसे रोज थोड़े ही आता है। अकस्मात कुछ भी हो सकता है। जेनी के आँसू बह गये : मैं तो साथ जाने को तैयार थी। समझा, अकेली जाना चाहती है तो चुप रह गयी। उसे खिन्न क्यों करती! अब इतना समय हो गया है तो आशंका हो रही है।

पामर के लिए वर्षा में कब्रिस्तान तक जाना अनिवार्य हो गया था। उस असुविधा के लिये पत्नी पर खिन्नता प्रकट किये बिना कैसे रहता! झुंझलाहट दबा लेने के लिए वह उठ कर रसोई की ओर चला गया और शीबू को पुकार लिय़ा : अरे जल्दी खाना लगा दो। और फिर जेनी की ओर लौट स्वर दबाकर बोला : क्या बकती हो! उसे साढ़े दस-ग्यारह तक लौट आना चाहिये था। साढ़े ग्यारह-बारह तक नहीं आयी थी, तब ख्याल नहीं आया था? उसी समय शीबू को बैंक भेज देतीं तो वर्षा आने के पहले ही पता ले लिया होता। आंधी-वर्षा में लथपथ कहीं पड़ी होगी। उसे ऐसी अवस्था में उठा कर लाना क्या मजाक है!

जेनी ने पति की झुंझलाहट का कड़वा घूँट निगल कर बेबसी के धीमे स्वर में कहा : मैं कैसे अनुमान कर सकती थी? प्लीज, मेरा मन घबड़ा रहा है। दया करो, इस समय मुझ पर न बिगड़ो। तुम जल्दी से कुछ ले लो। शायद लौटने में समय लग जाये। शीबू को भी मदद के लिये साथ लेते जाओ। जेनी ने आँसू पोंछ लिये।

पामर को पत्नी के आँसुओं से अपनी झुँझलाहट के लिये संकोच अनुभव हुआ। समझौते के स्वर में बोला : अब इतना क्यों घबराती हो! कल्पना से ही तो आशंका कर रही हो। हो सकता है, भली-चंगी हो।

विलम्ब के बीसियों कारण हो सकते हैं, वर्षा के कारण ही वह रुक गयी हो। खैर, अब विह्वल होने से क्या लाभ! मैं जा तो रहा हूँ।

पामर थोड़ा-बहुत खाकर कठिन परिश्रम के लिये तैयार हो गया। घुटनों तक गमबूट चढ़ा लिये। रेनकोट और छाता लेकर शीबू के साथ बरसते में ही बाहर निकल गया।

शनिवार था। पामर और शीबू के जाने के कुछ मिनट बाद ही डेजी और रोजी स्कूल से लौट आयीं। लड़कियों ने बरामदे में आ जूतों में लगे पानी और कीचड़ को झाड़ने के लिये पाँव पटके और पुकार बैठीं : मम्मी, जल्दी खाना दिलाओ, बड़ी भूख लगी है।

जेनी कुछ उत्तर न दे सकी। शीबू को पामर के साथ भेज दिया था, इसलिये वह लड़कियों का खाना परोसने रसोई में चली गयी।

लड़कियाँ अपनी छोटी छतरियाँ बरामदे में छोड़कर भीतर आयीं। बस्ते कमरे में पटके और मम्मी को पुकार कर मेहमान आन्टी के लिए पूछने लगीं।

जेनी ने लड़कियों को रसोई में बुला लिया। उनके प्रश्नों के उत्तर में बताया कि आन्टी नहीं लौटीं और शीबू अपने काम से छुट्टी लेकर चला गया था। उन्हें अपना-अपना खाना मेज पर ले जाने के लिये दे दिया।

जेनी बहिन की चिन्ता में व्याकुल थी, खाने को भी मन नहीं था लेकिन भूखे रहने से सिर दर्द हो जाता था। डाक्टर की सख्त ताकीद थी कि भूखी न रहे। सिर दर्द से वह बहुत डरती थी। जैसे-तैसे एक चपाती निगल ली। कुछ नींद ले सकने के दृढ़ निश्चय से बेडरूम में चली गयी। कपड़े बदल कर पलंग पर लेट कर कम्बल ओढ़ लिया। चिन्ता से व्याकुल मस्तिष्क को नींद कैसे आ जाती! सिरदर्द आरम्भ तो हो चुका था, अब असह्य हो गया।

जेनी ने डेजी को पुकार लिया। लड़की को कनपटियों और माथे पर बाम लगाने के लिये कहा।

डेजी ने ड्रेसिंग टेबल का खाना खींच कर बाम निकालते हुए पूछा : मम्मी, आन्टी तो अभी तक नहीं आयीं।

जेनी कजिन के विषय में दुश्चिन्ता और आशंका की बात चौदह वर्ष की बेटी को क्या बताती! टालने के लिये कह दिया : कुछ कह तो

नहीं गयी थी कितने बजे लौटेगी। संभव है, किसी से मिलने-जुलने चली गयी हो या वर्षा के कारण कहीं रुक गयी हो।

डेजी माँ के माथे पर बाम लगा कर कुछ देर दबाती रही। मस्तिष्क के भीतर उठते चिन्ता के उफानों को, माथे के ऊपर चुपड़ी बाम की शीतलता कैसे शान्त कर देती! दर्द बन्द न हुआ तो माथे पर बड़े रूमाल की पट्टी कसवा ली और आँखें मूँद लीं। चाहती थी कि गोली न खानी पड़े। दर्द सहा न गया तो फिर डेजी को पुकारा और दो गोलियाँ पानी से निगल लीं।

जेनी सिरदर्द से मुक्ति के लिये गोली खाकर भी हृदय पर भयंकर अनुमानों के बोझ को कम न कर सकी। वह मस्तिष्क से चिन्ता को किसी प्रकार दूर न कर सकी, दुष्कल्पनाओं का क्रम चलता रहा। गोलियों के प्रभाव से भी झपकी न आ सकी। विनी के अढ़ाई बजे तक भी न लौटने का और क्या कारण हो सकता था…निश्चय ही भावोन्मेष में मूर्छित हो गयी होगी। मन में पछताने लगी पामी ने ठीक ही कहा था, वह ग्यारह-साढ़े ग्यारह तक नहीं आयी थी, तो तभी कहला दिया होता। पामी या मैं उसके साथ रिक्शा में कब्रिस्तान चले जाते। विनी को होश में लाकर घर ले आते या वैसे ही उठवा लाते, वह आँधी-पानी से तो बच जाती। इस वर्षा में समाधि के समीप कीचड़ और घास में मूर्छित पड़ी रहने से उसकी क्या अवस्था हो गयी होगी? वर्षा और सर्दी से नीली पड़ गयी होगी। अब उसकी सेहत ही क्या रह गयी है! कैसा भराभरा सुडौल बदन था, सूख कर आधी भी तो नहीं रह गयी। …उसे तो कभी कोल्ड तक न होता था, वर्षा और सर्दी में मूर्छित पड़ी रहने से उसे निमोनिया, प्लूरेसी हो गयी तो…रोगी को संभालने की मुसीबत आ जायेगी। याद आया, दो साल पहले रोजी जनवरी की वर्षा में सर्दी खा गयी थी तो उसकी बीमारी के कारण कितना संकट हो गया था।

गोलियों के प्रभाव से जेनी का सिरदर्द दब गया परन्तु पामर और विनी उस समय तक भी न लौटे तो अनिष्ट की आशंका निश्चय में बदल गयी।…वह पामर के लौटने में विलम्ब के कारणों का अनुमान करने लगी।…मूर्छित व्यक्ति को संभाल कर लाने में समय लगेगा ही। वे लोग आते ही होंगे। विनी वैसी अवस्था में डांडी पर यहाँ पहुँचेगी तो क्या-क्या करना होगा? …पहले से ही तैयारी कर ले।

जेनी दृढ़ निश्चय कर पलंग से उठ गयी। कल्पना कर ली थी, विनी सर्दी खाकर आयेगी। आते ही उसके कपड़े बदलने होंगे, शरीर को गर्मी पहुँचानी होगी।

पामर शीबू को साथ ले गया था।

जेनी ने सहायता के लिये डेजी को पुकारा। लड़की सो गयी थी। बरसाती दोपहर की मीठी नींद छोड़ना नहीं चाहती थी। जेनी ने उसे हिला कर उठाया और खुशामद से कहा : स्वीट डकी, अंगीठी तेज कर दो सबसे बड़ी केटली में पानी चढ़ा दो।

डेजी ने बड़ी केटली भरने और उठाने के श्रम की आवश्यकता समझने के लिये शंका की : मम्मी, इतना पानी क्या करोगी? चाय के लिये चाहिये न; छोटी केटली में चढ़ाये देती हूँ।

जेनी को अपनी चिन्ताओं में लड़की का बहस करना अच्छा नहीं लगा : डार्लिंग, तुम्हें जो कहा है, करो। आन्टी वर्षा में भीगती आती होगी, उसने गर्म पानी माँग लिया तो?

जेनी को ख्याल आया, सेकने के लिये घर में रबड़ की एक ही बोतल है परन्तु पेंचदार डाट की बड़ी बोतलों में पानी भर कर काम चलाया जा सकता है···।

जेनी ने छोटी लड़की रोजी को भी पुकार लिया : डॉली, जा देख, पैण्ट्री में पेंचदार डाट वाली रस, ब्राण्डी और कार्डियल की तीन-चार खाली बोतल पड़ी थीं, शीबू ने कहीं इधर-उधर न कर दी हों। मुझे जरूरत है। उसने कपड़ों की आलमारी से विनी के लिये एक कमीज, पेटीकोट और अच्छा ड्रेसिंग गाउन निकाल लिये और विनी के पलंग पर रख दिये। विनी को आते ही थोड़ी-सी ब्राण्डी दे देने के लिये ब्राण्डी की बोतल और छोटी गिलासी ले जाकर विनी के पास टिपायी पर रख दी।

जेनी वर्षा में लथपथ और बीमार विनी को संभालने की सब तैयारी करके ड्राइंग रूम में, सामने के दरवाजे की ओर नजर लगा कर बैठ गयी।

पामर पौने चार बजे तक भी नहीं लौटा तो जेनी की घबराहट और बढ़ गयी। वह विलम्ब की दूसरी सम्भावनाओं की कल्पना करने लगी···अब तक तो पामी और शीबू को उसे लेकर हर हालत में आ जाना चाहिए था।

ओह–मस्तिष्क में कौंध गया—यहाँ लाने की बजाय कहीं हस्पताल ही तो नहीं ले गये!···हस्पताल के डाक्टर से उन लोगों का परिचय था। विनी को सीधे हस्पताल ले जाने का ख्याल जेनी को बुरा नहीं लगा। ···सोचा घर पर डाक्टर बुलाने की बजाय हस्पताल में निश्चय ही उचित उपचार सुविधा से हो सकेगा। डाक्टर से परिचय है, नर्सें सावधानी से संभाल लेंगी। यहाँ से दूर भी नहीं है। मैं जाकर देख आऊँगी। जरूरत हुई तो रात भी वहीं ठहर जाऊँगी। जो होना था वह तो हुआ पर इलाज तो ठीक ढंग से होना चाहिये। बेचारी बच जाये। कहीं कुछ उन्नीस–बीस हो गया तो व्यर्थ हम लोगों पर कलंक आयगा···।

जेनी विनी को हस्पताल ले जाने की कल्पना कर ही रही थी कि सूझ गया, वे लोग अब तक नहीं पहुँचे, शायद रैम्जे···। इलाज सिविल हस्पताल में बिना खर्च के भी हो सकता था। शायद विनी की अवस्था अधिक ही खराब जान पड़ी हो। पामर उसे हस्पताल जल्दी पहुँचा सकने के लिये बीच की सड़क से रैम्जे हस्पताल ले गया हो।

जेनी को रैम्जे हस्पताल की कल्पना से सिर पर भारी खर्च का बोझ आ पड़ने की आशंका अनुभव हुई। मन को समझा लिया—बाद में तो विनी रुपये दे देगी परन्तु इस समय तो प्रबन्ध करना ही पड़ेगा। वे लोग अब तक नहीं लौटे हैं तो विनी को शायद रैम्जे ही ले गये होंगे···रैम्जे बहुत दूर है पर वहाँ से अच्छा इलाज और कहाँ होगा! इलाज ठीक से होना चाहिए। कुछ कमी रह गयी तो खामुखाह बदनामी सिर पर आयेगी। यदि यहाँ ले आये, तो भी सब कुछ तैयार ही है। शायद तुरन्त डाक्टर को बुलाना पड़ जाय···हालत खराब हो तो हस्पताल ले जाना ही ठीक है।···हस्पताल ले गये हैं तो वहाँ काफी देर रुकना पड़ सकता है। हो सकता है, शीबू संदेश लेकर आता हो, मुझे जाना पड़े। सोचा तैयार होने में क्या लगता है! किसी पार्टी में जाने के लिये थोड़ ही तैयार होना है; पाँच नहीं तो सात मिनट···।

साढ़े चार बज रहे थे। जेनी ने आँगन के दरवाजे का खटका गिरने की आहट से तुरन्त उठ कर झाँका—शीबू खटका हटा कर भीतर आया, उसके पीछे पामर था। जेनी ने पगडंडी की ओर देख लिया; उनके पीछे कोई डाँडी विनी को लिये नहीं आ रही थी। गहरा श्वास ले अनुमान कर लिया, शायद हस्पताल में पहुँचा कर···।

पामर ने छाते का पानी निचुड़ने के लिए बरामदे में रख दिया। टोपी और बरसाती खूँटियों पर लटका दिये। जेनी का कलेजा कुछ समाचार जानने के लिये मुँह को आ रहा था। पति रेककोट उतार कर खूँटी पर लटकाने लगा तो उसके लिये वह औपचारिक शिथिलता असह्य हो गयी परन्तु दुस्समाचार पूछ लेने के लिये बोल भी न सकी। पामर गर्मबूट पहने ही सोफा-कुर्सी पर थकावट से गिर-सा गया। पगडंडी की चढ़ाई पर दम फूल जाने के कारण वह मौन रहा।

पामर के मौन से जेनी की आशंका और भी बढ़ गयी। प्रश्न से फटी आँखें पति की ओर लगी थीं। वह पति के समीप सोफा पर बैठ गयी।

पामर ने बोलने से पहले पलकें झपकाई। वह दुस्समाचार देने में झिझक रहा है, यह अनुमान कर जेनी के रोंगटे खड़े हो गये।...क्या कहने के बाद उसके मुँह से दूसरा शब्द न निकल सका।

पामर ने पत्नी की ओर देख, थकावट से गहरा श्वास लेकर कहा : तुमने मुझे व्यर्थ ही दौड़ाया, सेमेट्री में तो नहीं थी। मैं समाधि तक गया। समाधि पर ट्यबरोज की बाल्टी जरूर थी। वर्षा से बुझी हुई मोमबत्ती भी थी। वहाँ कोई नहीं था। विनी वहाँ से लौट आयी है।

जेनी ने गहरा निश्वास लिया और उसके मस्तिष्क में भय के स्थान पर महाशोक की कल्पना की धुंध भर गयी जैसे सम्बन्धी की नाजुक अवस्था के समाचार की प्रतीक्षा में मृत्यु का समाचार आ जाये। उसने सहारे के लिये सोफे की बाँह पर रखी गद्दी को दोनों हाथों से दबोच लिया।

पामर कहता गया : जाने कहाँ गयी है। मैंने तो पहले ही अनुमान किया था, हो सकता है लौटते में सड़क पर कोई परिचित मिल गया हो और उससे बात करतीं चली गयी हो या किसी परिचित से मिलने के लिये चली गयी हो या कहीं वर्षा के कारण रुकी हुई हो परन्तु उसे कह जाना चाहिये था। कब्रिस्तान तक आने-जाने के चार रुपये रिक्शा के देने पड़े, व्यर्थ में परेशान हुआ। तुमने क्या-क्या अनुमान कर डाले!

जेनी की आँखें छलक आयीं। पति वास्तविक स्थिति की कल्पना नहीं कर सकता था या जिम्मेदारी से कतराने के लिये उसे बेतुकी बातों से झुठलाने का यत्न कर रहा था। जेनी ने आवेश की बेवसी में होंठ काट लिये।

विनी के सेमेट्री में न पाये जाने के समाचार से जेनी का बहुत यत्न से बाँधा हुआ धैर्य टूट गया। विनी के मूर्छित हो जाने की कल्पना का आड़ में दूसरी अस्पष्ट परन्तु बहुत ही दारुण संभावना सिर उठा लेना चाहती थी। जेनी बहिन के मूर्छित होकर बीमार हो जाने की दुश्चिन्ता से अधीर हो गयी थी, उससे आगे सोचना ही नहीं चाहती थी। विनी के मूर्छित होकर वर्षा में पड़ी रहने की कल्पना छिन्न-भिन्न हो गयी तो इस कल्पना की आड़ में छिपी दारुण कल्पना की उपेक्षा कैसे की जा सकती थी! जेनी के गालों पर आँसू बह गये।

बहिन के लिये पति के उपेक्षा दिखाने के यत्न से जेनी उबल पड़ी : क्या बक रहे हो! अपने आपको ही बहला रहे हो या मुझे बहलाना चाहते हो? वर्षा का इतना डर है, गल तो जाओगे नहीं! क्या तुमने उसकी अवस्था नहीं देखी, उसकी मनःस्थिति नहीं जानते···वह किसी के यहाँ चली गयी होगी, यह मान लेना संभव है! जेनी ने हथेली की पीठ से ही आँसू पोंछ लिये : नैनीताल में ऐसा कौन परिचित है जिसके यहाँ चली गयी होगी? जेनी का गला रुँध गया : पामी, कैसी बातें करते हो! पिछले साल नैनीताल से जा कर वह कभी किसी के यहाँ गयी है? खामुखाह अपने को बहकाने की बातें करते हो। मूर्छित होने की बात के साथ ही मुझे उस बात का भी ध्यान आया था परन्तु डर के मारे वह बात मन में आने नहीं दी।···जेनी ड्रेसिंग गाउन की आस्तीन में आँखें छिपा कर रो पड़ी।

डैडी, आन्टी नहीं आयीं? डेजी ने ड्राइंग रूप में कदम रखते ही पूछा और माँ को आस्तीन में चेहरा छिपाये देख कर ठिठक गयी।

पामर ने लड़की को टोक दिया : तुम अपने कमरे में बैठो। आंटी शायद तल्लीताल में किसी से मिलने के लिए रुक गयी हैं। तुम जरा उधर ही रहो और रोजी को भी उधर ही रखना।

डेजी ने लौटते हुए पूछ लिया : डैडी, आप बारिश में से आये हैं। पाँच बजने को है, आपके लिए चाय बना दूँ? पानी उबल रहा है।

बेटी, मैं पुकार लूँगा, अभी रहने दो।

डेजी भीतर लौट गयी।

जेनी के संकेत से पामर भी घबरा गया : उफ जेनी, क्या कह रही हो! पत्नी के सिर पर हाथ फेर कर बोला : डार्लिंग, मैंने क्या बेपरवाही

दिखाई है! ठीक समाधि तक जाकर लौटा हूँ। सेमेट्री में भी सब तरफ देख कर आया हूँ। लौटते समय भी इधर-उधर ध्यान से देखता आया हूँ। जो देखा है, तुम्हें बता रहा हूँ। इसमें बहकाना क्या है? मैं तो केवल अपना अनुमान बता रहा हूँ। हो सकता है, हमें मालूम न हो। लखनऊ से लालबाग या आलमबाग से कोई लोग उधर आये हुए हों, विनी के साथ रात को ट्रेन से ही आये हों। तुमने एकदम ही दुष्कल्पना कर डाली। ऐसी बातों को गम्भीरता और धैर्य से सोचना चाहिए।

जेनी आँखों पर से आस्तीन हटा, आँसू पोंछ कर झुंझलायी : व्यर्थ कल्पनायें कह रहे हो! तुम्हें याद नहीं, रोमी को समाधि देने के संस्कार के बाद हम लोगों ने विनी को लौटने का संकेत किया था तो कब्रिस्तान के नीचे की खड्ड की ओर मुड़ गयी थी। उसने कहा नहीं था—परमेश्वर के वास्ते मुझे अकेले लौटने पर मजबूर न करो। जेनी ने मुख दोनों हाथों में छिपा कर घुटनों पर रख लिया और फफक कर रो उठी।

पामर जेनी की विह्वलता से निरस्त्र हो गया। पत्नी के सिर पर हाथ रख कर आश्वासन दिया : डार्लिंग, डोंट बी सिली, रोने से क्या होगा! सोच कर निश्चय करो, क्या करना चाहिए। मैंने तो केवल अनुमान और संभावना की बात कही है। हो सकता है, कोई परिचित रास्ते में मिल गया हो और उसने थोड़ी देर के लिए रोक लिया हो या वर्षा में न चाहने पर भी रुक जाने के बीसियों कारण हो सकते हैं।

जेनी ने घुटनों पर से सिर उठा कर आँसू भरी लाल आँखों से पति की ओर देखा : मैं कहती हूँ, बहकाने का यत्न कर रहे हो? तुम्हें रौशर हाल की बात याद नहीं! रीमा ने कहा था—मम्मी रात में उठ कर चल दी थी। लड़की और ननद ने रोका तो उनसे झगड़ने लगी थी—वह झील में है, मैं भी झील में जाऊँगी। तुम्हें याद नहीं, जितने दिन वह यहाँ रही, मैं रीमा को सहारा देने के लिए उसी के यहाँ चली गयी थी। रात में सब कमरों में भीतर से ताला लगा लेते थे।

पामर ने फिर सांत्वना दी : ठीक है, मैं मानता हूँ। सहसा आघात की बात दूसरी होती है। उस समय तो सबका संतुलन जाता रहता है। धीरे-धीरे सहने का अभ्यास और धैर्य हो जाता है। डियर, मैं तो कह ही रहा हूँ कि गम्भीरता और धैर्य से सम्भावनाओं के बारे में सोच लेना चाहिए कि क्या करना उचित है।

जेनी ने आँसू निगल कर कहा : मैं जानती हूँ, वह सदा से यही विचार मन में छिपाये थी। मौके की तलाश में थी। तुम्हें याद नहीं जनवरी में हम लखनऊ गए थे। इसके यहाँ से लौट रहे थे। मिसेज पार्कर हमें सड़क तक छोड़ने आ गयी थी। उसने क्या कहा था! रीमा बेचारी पति को दिल्ली में छोड़ कर, इसे संभालने के लिये फिर आ गयी थी। सुविधा के लिये एक नौकर भी ले आयी थी परन्तु इसने बेटी को टिकने नहीं दिया। इसका कैसा स्वभाव था! एक प्याली चाय हो तो चार आदमियों में बाँट कर पीती थी। सदा चार इंसानों में बैठती थी। अब इसे क्या हो गया है! किसी को अपने साथ सहती ही नहीं; बेटी, नाती तक को नहीं। हमें तो डर था किसी रोज कुछ गुल खिलायेगी। इसके व्यवहार से स्पष्ट था यह जिन्दा नहीं रहना चाहती।

पामर ने समवेदना भरे स्वर में स्वीकार किया : डार्लिंग, परमेश्वर न करे, खैर—कौन जाने हो भी सकता है, अभी तो हम लोगों का अनुमान ही है। उस तरह का विश्वास कर लेने के लिए अभी क्या कारण है; यही न कि अभी घर नहीं पहुँची है। मैं अभी जाकर देखता हूँ। जो आवश्यक होगा वह किया ही जायेगा। सोच रहा हूँ, क्या कदम उठाया जाये? क्या किसी और सम्भावना का अनुमान नहीं किया जा सकता?

जेनी ने पूछा : तुम्हीं बताओ, आखिर क्या अनुमान करें? सेमेट्री में किसी न किसी से पता चल सकता था कि वहाँ से कितने बजे लौटी है? वहाँ चौकीदार और माली रहते हैं।

पामर ने बताया : वर्षा हो रही थी, वहाँ कोई नहीं था और यदि होंगे भी तो आस-पास अपने घरों में होंगे। मुझे क्या पता उनके घर कहाँ हैं। पामर कुछ याद आ जाने के उत्साह से बोला : सुनो, मैं कहता हूँ, पैदल तो गयी नहीं होगी। अवश्य रिक्शा में ही गयी होगी। संभवत: आने-जाने के लिए रिक्शा ठहरा कर गयी हो। तुम समझ सकती हो, सेमेट्री के भीतर से न लौटती तो गेट पर रिक्शा वाले साँझ तक उसका इंतजार करते। वहाँ तो कोई रिक्शा नहीं थी।

जेनी को पति का तर्क व्यर्थ लगा : क्या बात करते हो! जिसे लौटना न हो वह आने-जाने के लिये रिक्शा क्यों करेगा!

पामर विचार और चिन्ता में गहरा श्वास लेकर दरवाजे से बाहर देखता रहा। वर्षा धीमी हो गयी थी।

जेनी ने आँखें पोंछ कर कहा : मुझे लगता है, वह निश्चय ही वैसे विचार से गयी थी। इसीलिये किसी को साथ नहीं ले जाना चाहती थी। फूल खराब होने का तो बहाना था। ट्यूबरोज कहीं इतनी जल्दी खराब होते हैं!···जाने सेमेट्री के साथ की खड्ड में कूद पड़ी हो! उस सड़क पर कई ऐसे स्थान हैं, तुम जानते ही हो! यदि आदमी या जानवर किनारे से फिसल जाये तो गहराई में नीचे चट्टानों पर पता ही न चले। कई बार गाय-बैल गिर कर मर गये हैं। हो सकता है, तल्लीताल तक लौट आयी हो और वर्षा के सुनसान झील में ही समा गयी हो। कहती नहीं थी—मैं झील में जाऊँगी, वह झील में है।

जेनी बहुत गहरा श्वास लेकर बोली : उसने जरूर कुछ कर डाला है। अगर अब भी कुछ पता लग जाये···हमारा तो कर्त्तव्य है···।

पामर माथे पर चिन्ता की सिलवटें डाले दरवाजे से बाहर देख रहा था। पत्नी की दुष्कल्पना का निराकरण कर सकने के लिये उसे कोई अनुमान और तर्क न सूझा तो पत्नी की चिन्ता में सहयोग देने लगा : वास्तविक स्थिति का पता तो लगना ही चाहिए पर क्या करें? वह दरवाजे के बाहर ही नजर लगाये बोलता गया : लौटते समय मैं जहाँ तक संभव था, इधर-उधर देखता आया हूँ। वर्षा और धुंध के कारण क्या दिखाई दे सकता था! विस्मय है, पहली वर्षा से ही इतना धुन्ध हो गया। नीचे के घने जंगलों में अकेला आदमी देख भी क्या सकता है। पामर ने हाथ का अँगूठा दाँतों में दबा कर कहा : झील की बात नहीं जँचती। झील के किनारे तो दिन भर आना-जाना बना ही रहता है···। फिर स्वगत ही बोल पड़ा : यह भी असम्भव नहीं कि मूसलाधार वर्षा में झील के किनारे सड़क पर कोई न रहा हो। मैंने झील की ओर भी नजर डाली, वर्षा से एकदम बहुत गहरा धुन्ध हो गया था। जल और किनारा दिखाई ही नहीं देते थे। उसने गहरा निश्वास लिया : मुझे तो कुछ सूझ नहीं आ रहा, क्या करना उचित होगा। पामर ने धीमी वर्षा की ओर नजर किये पत्नी से राय माँग ली।

जेनी ने आस्तीन आँखों पर रख ली। हाय परमेश्वर न करे, वह चट्टान-वट्टान से कूद पड़ी होगी और प्राण नहीं निकले होंगे तो क्या हालत हो रही होगी!···वह फफक कर रो उठी, फिर आँसुओं का घूँट

पीकर बोली परमेश्वर न करे, प्राण निकल गये होंगे तो उसके शरीर और आत्मा की क्या गति होगी!

पामर पत्नी को धैर्य बँधाने के लिए उसकी ओर झुक गया और जेनी की पीठ पर हाथ रख कर बोला : डियर, ईश्वर पर भरोसा रखो, ऐसी बात मुख से मत निकालो। मैं अभी जा रहा हूँ, जो भी संभव होगा, किया जायेगा। मेरा सिर स्वयं संकट की स्थिति से चकरा रहा है। तुम अधीर मत हो। ऐसी अवस्था में ईश्वर का भरोसा ही सहारा दे सकता है। उसने दीर्ष श्वास लिया : इतनी लम्बी-चौड़ी जगह में अकेले कुछ खोज-पड़ताल कर लेना सम्भव नहीं। तुम क्या कहती हो, कहाँ जाना ठीक होगा? सोच रहा है, कहाँ से सहायता मिल सकेगी···?

ऐसी संकट में कौन सहायक हो सकता है—जेनी के मत में इस संबंध में ऊहापोह और दुविधा का कोई असर नहीं था परन्तु ऐसे संकट में भी वह नाम उसके मुँह से न निकल सका।

पामर ने चिन्ता में अँगूठा फिर दाँतों में दबा लिया : मेरा ख्याल है, बशीरखाँ से बात करूँ। वह पाँच-सात आदमी तो दे ही सकता है। जेनी को पति के प्रस्ताव पर विस्मय हुआ—ईंधन की लकड़ी के ठेकेदार की पहुँच ही कितनी!···पति ने उसका नाम क्यों लिया!···जो सब कुछ कर सकता है, इन्हें उसका नाम क्यों नहीं याद आ रहा है!···पति जान-बूझकर उस नाम को टाल रहा था तो स्वयं कैसे बोल देती!

पामर ने जेनी की ओर अनुमति के लिये देखा : बशीरखाँ के यहाँ जाकर क्या होगा! सोचता हूँ, फादर बर्कले के यहाँ चला जाऊँ। यदि फादर ए०डी०एम० को फोन कर दें तो ए०डी०एम० द्वारा पुलिस की सहायता मिल सकती है।

जेनी झुँझला कर फूट पड़ी : तुम्हारे मन में न जाने क्या वहम समाया हुआ है!···उसने होंठ काट लिया : पहले मील भर फादर के यहाँ जाओगे और फादर ए०डी०एम० को फोन करेंगे। ए०डी०एम० लारेंस को फोन करेगा। दिखलाना चाहते हो कि तुम्हारी फादर और ए०डी०एम० तक पहुँच है। लारेंस पर रोब डाल कर, उपेक्षा दिखा कर उससे सहायता चाहते हो! कई बार उसके घर हो आये हो, दो-तीन बार पिकनिक में उसके साथ बीयर पी चुके हो। तुम ईजी (मिसेस लारेंस) को भी जानते हो। कितनी बार. कितनी जगह मलाकात. हँसी-मजाक

होता रहा है क्रिसमस पर ईजी को फूल भेंट करने नहीं गये थे! उसकी जीप में हलद्वानी तक भी तो गये थे!…जेनी न फिर होंठ काट लिये : दिसम्बर में कोयले और चीनी के लिये परेशान थे तो फादर और ए०डी०एम० के यहाँ क्यों नहीं चले गये। अब इस संकट में लारेंस से कहते झेंप आ रही है! जाने तुम्हारे मन में कौन भूत समा गया है! तुम्हें जो संदेह है, वह बाद में मिटाते रहना। तुम्हें तो सदा किसी न किसी के लिये वहम बना ही रहता है। जिन्दगी मुश्किल कर देते हो। कहीं न जाऊ तो मुश्किल, लोगों से न मिलूँ-जिलूँ तो नाराज। कभी उसने तुम्हारी पीठ पीछे मुझसे दो बातें भी की है? ऐसे संदेह के लिये ईश्वर…। जेनी ने फिर हाथों में मुँह छिपा लिया और घुटनों पर झुक कर फूट-फूट कर रो पड़ी।

पामर जेनी की उग्र स्पष्टवादिता से झेंप कर हाथ के पंजे से केशों में कंघी करने लगा। अपनी पत्नी के प्रति लारेंस की नजरों में चाह और जेनी का उसे देख कर पुलकित हो जाना, संकट की घबराहट और पत्नी के विरोध के बावजूद मस्तिष्क में कौंध गये।

दो मास पूर्व तक पामर डी०वाई०एस०पी० लारेंस से अपनी मित्रता और अपने प्रति लारेंस के आदर के लिये गर्व करता था। उसके यहाँ आना-जाना और बेतकल्लुफ खुला मजाक चलता था। जब पामर ने ईस्टर के समारोह के समय भाँप लिया कि लारेंस का झुकाव और आदर उसके अपने सरल विनोदी स्वभाव और पिता के सामाजिक प्रभाव के कारण नहीं, जैनी के लिये ही था तो ऐसे नीच के लिये उसके मन में घृणा भर गयी थी।

पामर समाज में अपनी पत्नी के आकर्षण प्रभाव के आदर से गर्व अनुभव करता था और उसके लावण्य के प्रति लोगों से चिन्ता और मानसिक वेदना भी पाता था। यह लारेंस को अपनी पत्नी के समीप आने का अवसर न देने के लिये सावधान रहने लगा था, उसे याद भी नहीं करना चाहता था।

क्या पामर पुलिस अधिकारी के प्रभाव और सामर्थ्य को नहीं समझता था! यह भी जानता था, जेनी के कारण ही सही, लारेंस सहायता करने का अवसर पाकर सहायता के लिये दौड़ा आयेगा। जिनी और गैर-सरकारी तौर पर अधिक सहायता का ही भरोसा हो सकेगा।

यह पत्नी के सामने अपना संदेह कैसे स्वीकार कर लेता! झुँझला कर बोला : अजीब इंसान हो तुम, क्या कल्पना बना डाली! तुम मुझे क्या समझती हो!···तुम स्थिति को ठीक समझती ही नहीं। जानता हूँ, लारेंस सब कुछ करेगा ही। फादर का सब आदर करते हैं। ख्याल था, फादर कह देंगें तो उनके लिहाज में अधिक तन्मयता से···।

जेनी फिर तमक उठी : तुम दूसरे का प्रभाव दिखाओगे तो इसमें लारेंस की हेठी नहीं होगी!

पामर बोला : तुम्हारी कल्पना जाने कहाँ दौड़ जाती है! मुझे क्या है, तुम्हारी कजिन का मामला है, जैसा तुम कहो। मुझे काम से मतलब है, बहस से नहीं। मैं फादर के बँगले तक की विकट चढ़ाई से बच जाऊँगा। मेरा क्या है, मैं लारेंस के यहाँ चला जाता हूँ। पामर ने अपनी घड़ी की ओर देखा, लगभग पाँच बज रहे थे : मैं सोच रहा था, इस समय मालूम नहीं लारेंस दफ्तर में हो, राउण्ड पर हो या सर्किल में गया हो। सोचा था, इस बीच फादर के पास हो आता। लारेंस घर पर तो पाँच क्या साढ़े पाँच तक ही पहुँचेगा। खैर, मैं उसके घर पर ही चला जाऊँगा। दस-बारह मिनट का रास्ता है। दस मिनट बाद चला जाऊँगा, पहले जाने से क्या फादा! भीग कर आया हूँ, सिर भारी हो रहा है। जाने से पहिले एक प्याला चाय ले लूँ···।

पामर ने लड़की को पुकार लिया डेजी बेटा, मुझे चाय पिला दो। पत्नी से नजर न मिलाने के लिये वह भीतर चला गया।

जेनी लड़कियों से अपनी विह्वलता छिपाने के लिये बेडरूम में जा लेटी और कम्बल ओढ़ लिया।

पामर ने डेजी को चाय के लिये कह कर डी०वाई०एस०पी० के यहाँ जाने से पहले बेडरूम में ड्रेसिंग टेबल के सामने आकर तौलिया से चेहरा पोंछा। खाँस कर टाई सीधी की। सिर पर कंघी कर ली। टेबल के आइने में पलंग पर कम्बल ओढ़े लेटी जेनी का प्रतिबिम्ब दीख रहा था। स्पष्ट था, जेनी अपनी विह्वल अवस्था में पति से संदेह का आरोप पाकर मौन विरोध में लेट गयी थी।

पामर ने असावधानी से पत्नी के प्रति लारेंस के अनुराग का संदेह प्रकट कर फटकार पा ली थी और वह लारेंस के पास जाने के लिये मजबूर हो गया था। अपनी पराजय को पत्नी के प्रति स्नेह और उदारता

से ढँक लेना चाहता था। पामर ने स्नेह से पुकारा : जेनी डार्लिंग! और पलंग पर पत्नी से सट कर बैठ गया। अधिकार से जेनी के पुष्ट भाग पर लाड़ से थपकी दी : सिर दर्द हो गया न!

जेनी ने आँसुओं से अवरुद्ध गले से अस्पष्ट स्वर में कह दिया : कुछ नहीं।

पामर ने सुझाया : अब तो वर्षा धीमी हो गयी है। पाँच मिनट में तैयार हो जाओ तो तुम भी चली चलो। रिक्शा कर लेंगे।

जेनी ने मुख पर से कम्बल हटाये बिना ही कहा : मैं ऐसी हालत में उठ कर कैसे चल दूँ! रो-रो कर फूली हुई आँखों और मसले हुए चेहरे को लेकर सड़क-बाजार में कैसे जाऊँगी! कपड़े बदलने में समय लगेगा। उसके मन में विश्वास था शायद लारेंस समाचार पाकर स्वयं ही आ जायेगा। जेनी ने पति का मन रखने के लिये कम्बल के भीतर से ही कह दिया, दोनों कैसे चले जायें? पीछे यहाँ कोई समाचार आ गया तो लड़कियाँ खामुखाह घबरा जायेंगी।

आँधी रुक गयी पर वर्षा मूसलाधार हो रही थी। विनी दो-तीन बार घड़ी में समय देख चुकी थी। कुली भी कई बार आकाश की ओर देखकर आपस में परामर्श कर चुके थे। विनी का मन विलम्ब से चिंतित हो रहा था परन्तु पानी रुक जाने के कोई आसार नहीं थे।

कुली आपस में परामर्श कर तत्परता से खड़े हो गये और एक कुली ने विनी को सम्बोधन किया : हुजूर, अब चलिये, ऐसा तो बरसता ही रहेगा। यह अभी नहीं रुकेगा।

विनी से मूसलाधार वर्षा की ओर देखा और उसकी आँखें सहानुभूति में परामर्श देने वाले सज्जन की ओर उठ गयीं।

सज्जन ने विनी का अभिप्राय समझा और अपनी बात केवल विनी तक सीमित रखने के लिये अंग्रेजी में बोला : हाँ, बादल गहरा है। ऐसी वर्षा तो काफी देर तक रह सकती है।

विनी आँचल को कंधों पर खींच चलने के लिये उठी तो सज्जन ने उठ कर सहानुभूति में विनय से फ़िर टोपी उतार ली और छतरी खोलने का उपक्रम करते हुए रिक्शा में बैठते समय विनी को बूँद से बचाने के लिये आगे बढ़ आया। विनी ने उसके कृपा-भाव के लिये धन्यवाद दिया।

विनी के मस्तिष्क में कौंध गया—वर्षा तो काफी देर रह सकती है।···इस भले आदमी को ऐसे बरसते में···आँधी-पानी, ओले-बरफ में पैदल···पत्नी की समाधि पर पाँच मास से बिना नागा आने वाला। विनी के मुँह से निकल गया : आपको भी शायद उसी ओर जाना है, इसी रिक्शा में चले चलिये! और अपनी बात के लिये संकोच से सोच लिया—पामर या किसी दूसरे सम्बन्धी के साथ भी तो बैठ सकती हूँ। बेचारा इतना भला··· ।

कृपा के लिये आभारी हूँ। सज्जन ने बहुत विनय से कहा : मुझे विलम्ब की चिन्ता नहीं, मैं तो यहाँ बैठा रह सकता हूँ।

विनी ने अपरिचित प्रौढ़ की सज्जनता के विश्वास से उसे विश्वास दिलाया : नहीं, मुझे कष्ट नहीं होगा, आ जाइये।

प्रौढ़ ने विनी पर बूँदे न पड़ने देने के लिये छतरी कर दी। विनी रिक्शा में बैठ कर कोने में सिमिट गयी। प्रौढ़ ने छतरी बन्द कर दी और कहा : आपको असुविधा होगी, मैं ठहर जाता हूँ।

विनी को बूँदों से गूँजती बन्द रिक्शा में बैठ जाने पर सूनी सड़क, गहरी वर्षा के सन्नाटे में एक अपरिचित को समीप बैठाने के संकोच की सिहरन अनुभव हुई परन्तु कृतज्ञता में उसे साथ चलने का निमन्त्रण दे चुकी थी। अपनी बात से वह पीछे न हट सकी। वैसी वर्षा में किसी भद्र पुरुष को भीगने के लिए कैसे छोड़ जाती! अपरिचित परन्तु सदाशय, सहृदय, व्यथित पत्नी की समाधि पर पाँच मास आँधी-पानी, ओले-बरफ में बिना नागा आने वाला।···पामर साथ आया तो वह भी तो बैठता। ···विनी रिक्शा के कोने में सिमिट गयी। अन्तर के लिये पर्स बीच में रख लिया और अंग्रेजी में आग्रह किया : बैठिये, मुझे कोई तकलीफ नहीं होगी।

०

अपरिचित सज्जन रिक्शा की सीट पर दूसरे कोने में सिमिट गया। रिक्शा के झटकों से न हिलने के लिये उसने छतरी छड़ी की तरह पायदान पर टेक ली और दोनों हाथ छतरी की मूठ पर जमा लिये।

रिक्शा के चलते ही विनी ने रिक्शा के पीठ पीछे टप्पर की खिड़की का पर्दा उठा कर देख लेना चाहा। उस स्थान से केवल फाटक ही दिखायी दे सकता था परन्तु समाधि भी उसी दिशा में थी। बूँदों के कारण पर्दे को अधिक न उठा सकी। तुरन्त छोड़ दिया।

विनी ने समाधि से विदाई का निश्वास दबा लेना चाहा परन्तु साथ बैठे सज्जन की व्यथा से भावुक चेतना ने उस दबे निश्वास का अनुभव कर लिया। वह सहानुभूति से विनी की ओर देखे बिना न रह सका।

विनी ने अपने आपको वश में करने के लिए होंठ काट लिये और आँखें रूमाल में छिपा लीं।

सज्जन के हृदय से समवेदना में गहरा निश्वास छूट गया : परमेश्वर आपको साहस, धैर्य और बल दे। इस वियोग को सह सकें···जानता हूँ, बहुत कठिन है···।

विनी आँख खुश्क कर सकने के बजाय प्रौढ़ की समवेदना से सिसक उठी। धैर्य रखने के परामर्श और सांत्वनाएँ वह पिछले दस मास से सम्बन्धियों और मित्रों से सुनती आ रही थी। परामर्श उसे अपनी व्यथा से अपरिचित लोगों के थोथे औपचारिक व्यवहार मात्र जान पड़ते थे। वह उन्हें सुनना नहीं चाहती थी परन्तु इस अपरिचित की सांत्वना औपचारिक दायित्व का निर्वाह मात्र नहीं, उसकी अपनी गहरी व्यथा से उद्भूत सहानुभूति का उद्गार थी।

विनी रोमी को खो देने के बाद उसकी समृति में डूबी रह कर वियोग की पीड़ा के रूप में ही उसे हृदय में बनाये रख सकती थी। उसे लगता था, वियोग-व्यथा को भुला देने का परामर्श देने वाले रोमी को उसके हृदय से भी छीन लेना चाहते थे परन्तु साथ बैठे प्रौढ़ के समवेदना के उद्गार ने उसे हिला दिया—मैं जानता हूँ, बहुत कठिन है! वह जानता था···पाँच मास से बिना नागा अपनी पत्नी की समाधि पर आने वाला निश्चय ही जानता था। समवेदना में गहरी व्यथा को सह सकने का बल अपने हृदय से निकाल कर दे देना चाहता था। यह व्यथा का स्पर्श था, व्यथा को व्यथा का सहारा था।

विनी ने संभल जाने के लिये होंठ चबा डाले परन्तु प्रौढ़ सज्जन की गहरी व्यथा ने उसके आत्म-नियन्त्रण के बाँध को तोड़ दिया। वह और अधिक सिसक उठी। दोनों हाथों से चेहरे और आँखों को ढँक लिया।

प्रौढ़ रिक्शा के कोने से सिमटा रहने के लिए छतरी की मूठ पर दोनों हाथों से बोझ डाले हुए था। वह साथ बैठी वियोग-विह्वल महिला का सिसकियों से तटस्थ न रह सका। महिला की सिसकियों ने उसकी दृष्टि खींच ली। सज्जन की आँखें शायद अपने आँसू समाप्त कर खुश्क

हो चुकी थीं, वियोग के आँसुओं का दर्द जानती थी। विनी की सिसकियों से उसने अविचलित रहने के लिये गले में उठ आये उन्मेष को निगला परन्तु रह न सका। उसके अपने हृदय में दबी हुई सिसकियाँ उभर आयीं। उसका आहत हृदय कन्धे पर पहुँच गया। आँसुओं का बाँध टूट गया, गले में रुंधे आँसू घरघरा उठे। सज्जन समवेदना से भरे गले से बोला : रो लो बच्चा, रो लो। रोने से सहारा मिलता है तो रो लो। जानता हूँ, रो न सकना कितना असह्य है।

विनी अपरिचित के सामने संभल न सकने के संकोच से गड़ी जा रही थी परन्तु व्यथा के स्पर्श ने व्यथा को और उभार दिया। प्रौढ़ की उदार आत्मीयता ने विनी की संकोचमय कुण्ठा को मिटा दिया। ऐसी निस्स्वार्थ, निस्संकोच मर्मवेदना का सहारा अभी तक किसी ने नहीं दिया था। वह तो भुक्तभोगी ही दे सकता था।

रिक्शा के टप्पर पर गहरी वर्षा की गूँज प्रौढ़ के रुंधे हुए शब्दों को रिक्शा के बाहर न जाने देकर विनी के हृदय में ही समा देना चाहती थी—उसके शब्दों को विनी के अतिरिक्त कोई और न सुन ले! प्रौढ़ के वे शब्द विनी को कानों से ही नहीं सुनाई दे रहे थे, उसकी समवेदना रोम-रोम में अनुभव हो रही थी।

अब जिन्दगी में यही है। जानता हूँ, असह्य है···प्रतिदिन, प्रति क्षण यही व्यथा···ईश्वर ने मेरी सैली को बुला लिया। पाँच मास पूर्व उसे सौंप देना पड़ा। सत्ताईस दिसम्बर को उसे यहाँ सौपने आया था, तब से प्रतिदिन यहाँ आ जाता हूँ। इसीलिये नैनीताल को छोड़ कर जा नहीं सकता। सैली को जाने न देने के लिये सब कुछ किया पर हार गया। ···जानता हूँ, यह हार असह्य है।···। सज्जन ने दीर्घ निश्वास ले फिर दोहराया : रो लो, रो लो···शायद व्यथा कुछ हल्की हो सके।

विनी ने सांत्वना के आभार में अपना सिर प्रौढ़ की बाहँ से छुआ दिया। उसे व्यथा के सम्बन्ध से ऐसा आत्मीय कब मिला था!

विनी का रूमाल आँसुओं से तर हो गया था। आत्मीयता से निस्संकोच हो भीगा रूमाल पायदान में छोड़ दिया और आँचल से आँखें पोंछ लीं। कृतज्ञता प्रकट करने के लिये उसने अपनी आँसू भरी गुलाबी आँखें प्रौढ़ की ओर उठा कर क्षमा माँग ली : खेद है, आप को साथ

लाकर आपके शोक के बोझ को और बढ़ाया। और रिक्शा के कोने में सिमिट गयी।

नहीं-नहीं, कोई बात नहीं···जानता हूँ। प्रौढ़ ने एक निश्वास लिया और विनी को सहारा देने के लिये कहता गया। मुझे विजय फैंटम कहते हैं, आगरा का हूँ और पूछ लिया : कल-परसों में ही नैनीताल आयी हैं?

विनी ने आँसुओं की शेष नमी को आँचल से सुखा कर अपना परिचय दिया : आज सुबह ही लखनऊ से आयी हूँ। मुझे विनी नेपियर कहते हैं। पति की समाधि के लिये घर से ट्यूबरोज लायी थी। कजिन के यहाँ सामान रख कर सीधी यहाँ ही आ गयी।

फैंटम ने अनुमोदन में सिर हिला कर कहा : समझता हूँ, स्वाभाविक था। और दुख बँटाने के अनुरोध से विनी की ओर देखा।

विनी ने निश्वास लेकर बताया : पिछले साल जुलाई में हम यहाँ आये थे। ईश्वर का विधान···रोमी लखनऊ में ही कहता रहता था, नैनीताल में तैरना सीखूँगा। भाग्य···। इंस्टीट्यूट के स्वीमिंग पूल में तैरना सीखने को उसका मन न हुआ। मोअर की एक ट्यब संग लेता आया था। सुबह नाश्ते के बाद झील पर चला जाता। तीन-चार दिन मैं भी साथ गयी। किनारे के बेंच पर उसके कपड़े संभाले बैठी रहती। वह ट्यूब के सहारे तैरने के प्रयत्न में हाथ-पैर मार कर बेहद छींटे उड़ाता तो मुझे हँसी आ जाती।···विनी की आँखें फिर भीग गयीं।

फैंटम के मुँह से निकल गया : ओह, डियर!

विनी ने आँखें पोंछ कर बताया : रोमी ने मुझे झील पर साथ ले जाने से इन्कार कर दिया—मुझ पर हँसती हो! कहता था—तैरना आ गया। वर्षा में भी चला जाता था। पिछले साल हमने अपर माल रोड पर रौशर हाल का आधा भाग किराये पर लिया था। चौदह जुलाई को झड़ी लगी हुई थी परन्तु वह तैरने चला गया। पड़ोसी स्विंग भी उसके साथ जाता था। उस दिन मेरी तबियत कुछ ठीक नहीं थी। सर्दी-पानी में बाहर नहीं निकलना चाहती थी। ग्यारह बजे जेनी और मेरी ननद लैला सामने वाले कमरे में बैठे थे। मेरे मन को कुछ हो रहा था, नजर बार-बार बाहर चली जाती थी। कई लोग डांडी उठाये हुये आ गये और डांडी बरामदे में रख दी। स्विंग गर्दन झुकाये कमरे में आया। मेरा कलेजा धक् से रह गया। बाहर निकली···। विनी फिर आँचल आँखों पर रख कर

सिसक उठी, दीर्घ निश्वास निकल गया : डांडी में रोमी ट्रंक (तैरने का जांघिया) पहने निश्चल पड़ा। नीला चेहरा, मुँदी हुई पलकें सिर लुढ़का हुआ···मैं एकदम बेहोश हो गयी। लोगों ने बताया—गहरे में चला गया था···ट्यूब हाथ से छूट गयी थी, वर्षा के कारण शीघ्र सहायता न पहुँच सकी। मुझे तो कुछ समझ में नहीं आया, समझने को था क्या! रोमी चला गया था।···दूसरे दिन संध्या उसे यहाँ सौंप गये। उस समय भी हल्की-हल्की वर्षा हो रही थी। मेरी लड़की रीमा, कजिन जेनी और ननद लैला भी साथ थीं। समाचार पाकर बरेली से ससुर भी आ गये थे लेकिन मुझे यहाँ उसके बिना रहना सह्य नहीं हुआ। चौथे दिन ही लखनऊ चली गयी। विनी की आँखों में फिर आँसू आ गये थे।

फैंटम ने सांत्वना के निश्वास से कहा : डियर, परमेश्वर तुम्हें सहने की शक्ति और धैर्य दे। जिस दुःख का उपाय नहीं, सीमा नहीं, उसे भाग्य मान कर सहते रहने के अतिरिक्त और क्या किया जा सकता है!

वर्षा जारी थी। रिक्शा की छत और पर्दे पर वर्षा चारों ओर से गूँज रही थी। आधे रास्ते, कालाखान की चढ़ाई पर रिक्शा बहुत धीमी हो गयी। कुली थक कर हाँफ रहे थे।

फैंटम ने गहरे निश्वास से विनी की ओर देखा : भाग्य ने तुम्हारे पति को सहसा छीन लिया। डियर, वह अप्रत्याशित आघात निश्चय ही असह्य है। मैं तो सैली को न जाने देने के लिये तेरह वर्ष तक लड़ता रहा। मैं भाग्य से सामर्थ्य भर लड़ा हूँ। विश्वास ही नहीं करना चाहता था कि हार जाऊँगा। जानती हो, टी०बी० का इलाज गरीबी के वश का नहीं होता है। उसे बचा सकने के प्रयत्न में पिछले दस वर्ष से भुवाली सेनेटोरियम और नैनीताल में रखा। पिछले सात वर्षों से तो वर्ष में सात-आठ मास उसे यहीं रखना पड़ता था। दो वर्ष से उसकी अवस्था खराब हो गयी थी। तब से निरन्तर यहाँ ही था। उससे दूर रहने के लिये मजबूर हो कर भी उसके अस्तित्व को, उससे अपने सम्बन्ध को अनुभव करता रहता था···।

फैंटम ने कंठ का अवरोध दूर करने के लिये रूमाल मुख पर रख कर खांसा : मैं साधारण अध्यापक हूँ। गरीब अध्यापक की क्या आमदनी होती है! कोई जमीन-जायदाद नहीं। सैली को यहाँ सेनेटोरियम या पहाड़ पर रखता था तो मासिक वेतन मुश्किल से उसी के लिये पूरा

हो पाता। अपने निर्वाह के लिये मैं कभी एक, कभी दो ट्यूशनें कर लेता था। सैली भी जानती थी और उसके लिये यह बड़ी यातना थी। कभी रो पड़ती—मैं तो तुम्हारे लिये सजा और बोझ ही हूँ। परन्तु वही मेरे जीवन का प्रयोजन, मेरे अस्तित्व की सार्थकता और प्रेरणा थी। अब मैं क्या करूँ···अब पाँव के तले से छत निकल गयी है, गिरता ही जा रहा हूँ। ऐसा भी नहीं लगता कि गिर चुका हूँ।···फैंटम कुछ झिझका। उसकी आँखें छतरी की मूठ पर टिके हाथों से विनी की ओर उठ गयीं : कैसे कहूँ, कह नहीं पा रहा हूँ। विनी उसी की ओर देख रही थी। गुलाबी आँखें फिर छलछला आयी थीं।

वर्षा निरन्तर हो रही थी। रिक्शा का ठप्पर और पर्दे बूँदों के प्रहार से गूँज रहे थे। रिक्शा तल्लीताल के समीप आकर फिर धीमी हो गयी। फैंटम ने विनी के समवेदना से विह्वल चेहरे से सहानुभूति अनुभव कर एक और निश्वास लिया और बोला : कालेज में दो दिन की छुट्टी पड़ जाती तो मैं सैली को देखने आ जाता था अन्यथा उसके पत्रों में ही उसे पा सकता था। वह बिस्तर में लेटी-लेटी कागज के दोनों ओर बड़ा-सा पत्र लिखती थी। मैं उसकी लिखावट से उसके स्वास्थ्य की अवस्था का अनुमान कर लेता था। नवम्बर में उसके दोनों पत्र आधे-आधे पृष्ठों के ही थे, इसी से कुछ घबराहट हुई थी। बीस दिसम्बर को मैं सुबह ही पहुँच गया था। सैली को देख कर कलेजा धक् से रह गया था। उसके चेहरे पर केवल आँखें ही मानों मेरी प्रतीक्षा में रह गयी थीं। मुस्कराई तो सफेद दाँत···यूँ वह लम्बी, सुन्दर और सुडौल थी। रोग से उसके शरीर की अवस्था जो भी हो गयी हो, मेरे लिये उसका वही पुराना रूप था···। फैंटम का गला भर आया।

सैली को उस अवस्था में देख दिल डूबने लगा, जैसे कुएँ में गिरता जा रहा हूँ। मैं आँख मूँद उस पर झुक गया। उसके माथे को चूम लिया और मेरी सैली मुझे फिर वही सौन्दर्य की तसवीर दिखायी देने लगी। ···ईश्वर की पुकार पर उसे जाना पड़ा। ईश्वर ने सैली को जिस रूप और अवस्था में मुझे दिया था, मेरे लिये वह वही रही; अब भी है; वैसी ही रहेगी। फैंटम का गला भर आया था। वह संभल जाने के लिये मौन हो गया, आँखें मूँद लीं। उसने सिसकी और रूमाल में नाक दबायी जाने का स्वर सुन कर विनी की ओर देखा। विनी ने सिसकी से टूटते हुए

स्वर में कहा : परमेश्वर आपको अपनी कृपा का सहारा दे। सैली की आत्मा प्यार दे। और आँचल से अपनी आँखें पोंछ ली।

फैंटम ने खेद प्रकट करने के लिये गर्दन हिलायी : क्या मूर्खता कर रहा हूँ। अपने दुःख से आपको भी दुःखी कर रहा हूँ।···उसने एक हाथ से विनी के कंधे पर थपकी दी : बस, डियर बस, अब नहीं कहूँगा, तुम्हें और व्यथित नहीं करूँगा। क्षमा कर दो।

विनी ने अपनी पिघली हुई सहानुभूति के सम्प्रेषण के लिये अपना कंधा फैंटम के हाथ के नीचे दे दिया और आँसू निगल कर अनुरोध किया : प्लीज··· । विनी का हृदय फैंटम की व्यथा को सहारा देने के लिये उमड़ आया था, बोली : कहये।

विनी और फैंटम एक-दूसरे की व्यथा में डुबकियाँ लेने भूल गये थे कि वर्षा की बूँदों से गूँजती बन्द रिक्शा की यात्रा अवधि कितनी हो सकती थी। रिक्शा का जुआ धीमे से आगे झुक कर सड़क पर टिक गया। रिक्शा ठहर गयी। सामने लगे पर्दे की फाँकों से बायीं ओर फैंटम को वोट हाउस और दायीं ओर विनी को वलेरियो दिखायी दिये।

फैंटम ने पर्दे को जरा उठाकर वर्षा की ओर देखा और चिन्ता के स्वर में विनी से पूछ लिया : रिक्शा आपके मकान तक जा सकेगी?

नहीं, यहाँ समीप ही पगडंडी।

आपके लिये डांडी बुला दूँ! फैंटम ने कोट के भीतर की जेब से रुपये निकाल लिये थे।

विनी ने फैंटम के नोट वाले हाथ को अपने दोनों हाथों से पकड़ लिया : प्लीज, रहने दीजिये, मुझे मालूम है क्या देना है। आपका मकान दूर होगा, आप इस वर्षा में कैसे जायेंगे! क्या डांडी में जायेंगे?

नहीं, नहीं छतरी है।

ऐसी वर्षा में छतरी से क्या होगा!

मुझे क्या जल्दी है! फैंटम ने कहा और झील के किनारे बैंड-स्टेंड की ओर संकेत कर दिया : जब तक वर्षा है, वहाँ बैठा रहूँगा।

विनी ने टीस अनुभव की बेचारा···मेरी सहायता करने के बाद वर्षा में अकेला बैठा रहेगा, बोली : मुझे डांडी में जाना अच्छा नहीं लगता।

डांडी के विचार से ही विनी की कल्पना में डांडी में लाये गये रोमर नेपियर का नीला, विकृत चेहरा और निढाल शरीर आ जाते थे।

विनी ने कहा : आपकी बात तो आधी ही रह गयी। कुछ देर यहाँ, वलेरियो में न बैठ लें! विनी ने कुलियों से रिक्शा बलेरियो के बरामदे तक पहुंचा देने के लिये कह दिया।

वलेरियो रेस्तराँ सड़क किनारे की दूकानों के ऊपर दूसरी मंजिल पर था। फैंटम ने विनी को जीने में सहायता देने के लिये कोहनी पर सहारा दिया। लंच का समय था परन्तु रेस्तराँ प्रायः सूना था; इसका कारण कुछ समय से पूर्व आरम्भ वर्षा या जो भी रहा हो। हाल के बीच में लगी छोटी मेजों में से एक पर हाईकिंग के शौकीन दो नवजान खूब उत्साह से खा रहे थे। एक कोने में झील की ओर खुलती खिड़की के समीप ढलवाँ कुर्सी पर लुढ़का कोई अधेड़, खिड़की से आते प्रकाश में आँखों से हाथ भर दूर उठाये अखबार में तन्मय था। उसके सामने के कोने में, झील की ओर खुलती खिड़की के प्रकाश से परे, छोटी मेज के साथ सोफे पर अन्य ग्राहकों की ओर पीठ और दीवार की ओर मुँह किये नवयुवक-युगल, एक-दूसरे के कंधे सटाये रहस्यवार्ता में डूबा हुआ था।

रेस्तराँ के बैरे ने विनी की आँसू पोंछी हुई गुलाबी आँखें और फैंटम का चेहरा देख कर अनुमान कर लिया—घर में लड़े पति-पत्नी सुलह-समझौते की बात करने आये हैं या कठिनता से अवसर पा सकने वाले प्रौढ़-अभिसारक.इस वर्षा में छिप कर मिलने के लिये आये हैं। बैरे ने उन्हें कोने में झील की ओर खुलती खिड़की के समीप छोटी मेज की ओर संकेत कर दिया। समीप खड़ा बैरा उनके आर्डर की प्रतीक्षा में था।

विनी मेज पर खिड़की के बाजू में बैठ गयी थी। फैंटम खिड़की के सामने बैठ गया। बैरे ने समीप की मेज से मीनू उठा कर उनके सामने रख दिया। फैंटम ने मीनू विनी के सामने सरका कर पूछना चाहा।

विनी ने दायीं कोहनी मेज पर टिका ली थी और माथे को हाथ का सहारा देकर पलकें मूँद ली थीं।

फैंटम ने अनुमान किया, शायद खड़ा जीना चढ़ने के श्रम से विनी की साँस फूल गयी है, चक्कर आ गया है। साँस लेने का अवसर देने के लिये उसने बैरे को कह दिया : पहले एक गिलास पानी लाओ।

विनी कुछ ही पल में संभल गयी और फैंटम की ओर देख कुछ पल खो जाने के लिये क्षमा माँग ली। फैंटम ने आश्वासन दिया : कोई बात नहीं, जीना चढ़ने से साँस फूल गयी होगी। दो घूंट पानी पी लीजिये।

विनी ने कहा : नहीं, नहीं, मैं ठीक हूँ।

विनी को सहानुभूति से द्रवित सहृदय से वास्तविकता छिपाना अच्छा न लगा। आँखें मेज पर झुक गयीं : साँस तो ऐसी नहीं फुली···यहाँ रोमी के साथ कई बार आ चुकी हूँ।

फैंटम ने पल भर मौन रह कर कह दिया : ठीक है, ऐसी स्मृतियाँ मन को कचोट देती हैं परन्तु यही जीवन का सहारा भी है; शेष और है ही क्या!

विनी अकेली होती तो वह ऐसी स्मृति में बहुत देर के लिए गहरी डूब जाती परन्तु फैंटम की व्यथा से हृदय में फूट आये सहानुभूति के प्रबल स्रोत ने उसकी अपनी व्यथा के बोझ को उबार दिया। विनी ने अपनी व्यथा की दीर्घश्वास से खिड़की की ओर छोड़ कर फैंटम की तरफ देखा : दोनों ही बातें हैं···स्मृतियाँ ही हृदय पर बोझ डालकर डूबा देना चाहती हैं; वही डूबते मन को सहारा भी देती हैं।

फैंटम ने गर्दन के संकेत से हामी भरी हाँ, ऐसी ही बात है। और आँखें विनी की ओर घुमा कर कहा : जब हम अपनी स्मृतियों को जीवन की अमूल्य निधि मान कर उन्हें बनाये रखना चाहते हैं तो वे सहारा देती हैं और जब उन स्मृतियों को फिर से जीवन के व्यवहार में दोहराना चाहते हैं तो वे अभाव बन जाती हैं, व्याकुल करने लगती हैं। जिसकी स्मृति मात्र से बल पाना चाहते हैं, उसे पाने की इच्छा को कैसे भुलाया जा सकता है! मुझे अपना जीवन, जैसा हो गया है और जैसा मैं चाहता था, उनका द्वन्द्व जान पड़ता है।···फैंटम का स्वर धीमा हो गया था : ईश्वर की इच्छा को अपनी सामर्थ्य से ऊपर मान लें, उसे जो चाहें करने दें, इसके अतिरिक्त और उपाय ही क्या है?

बैरे ने पानी का गिलास लाकर रख दिया। विनी को प्यास नहीं थी परन्तु फैंटम ने जल उसकी चिन्ता से मँगवाया था। उसने फैंटम की ओर एक नजर डाली : थैंक्स! और गिलास से दो घूंट भर लिये।

विनी अपने हाथों को बार-बार खोल और बन्द कर रही थी। उन्हें आपस में मल रही थी। पर्स में शायद दूसरा रूमाल नहीं था। आँचल की

खूँट से कभी हाथों को रगड़ने लगती, कभी आँखों या होंठों के कोने पोंछ लेती! फैंटम को लगा, विनी हाथों और चेहरे पर मैल और चिपचिपाहट अनुभव कर सुविधा से बैठ नहीं पा रही थी। फैंटम ने झिझकते हुए कह दिया : क्या हाथ-मुँह धोने की इच्छा है? यहाँ जरूर जगह होनी चाहिए।

विनी को अपनी इच्छा और आवश्यकता व्यक्त करने में संकोच अनुभव हो रहा था। फैंटम ने कह दिया तो उसने स्वीकार कर लिया : हाँ, हाथ धो ही लूँ।

रेस्तराँ के बाथरूम में जाकर विनी को ख्याल आया—हाय, कितना ख्याल करने वाला है!…रोमी की तरह।

वाश-बेसिन में हाथ धोते हुए विनी को बाँह पर लगी घड़ी में दीख गया, सवा बज गया था। सोचा—ओह, जेनी और पामर लंच के लिए प्रतीक्षा कर रहे होंगे। विलम्ब हो जाने से शायद चिंतित भी हों। इस वर्षा में पगड़डी पर कैसे चढूँगी, छतरी भी नहीं है।…वर्षा धीमी हो जाये, बस एक प्याली चाय लेकर चल दूँगी।

विनी हाथ-मुँह धोकर लौटी। फैंटम ने मीनू विनी की ओर बढ़ा कर पूछा : आप क्या लेंगी?

विनी ने उत्तर दिया : मैं केवल चाय ले लूँगी। मेरी कजिन और बहनोई लंच के लिए मेरी प्रतीक्षा कर रहे होंगे।

नहीं, चाय के साथ कुछ तो लीजिए!

विनी ने सोचा—लंच का समय है। इस भले आदमी को तो आवश्यकता होगी। इसे कुछ लेना ही चाहिए और बोली : आप जरूर लीजिये; क्या लेंगे?

फैंटम ने कहा : मैं तो सुबह आठ बजे ही खा लेता हूँ, आप लीजिए।

विनी ने अपने अनुभव से कारण का अनुमान कर लिया और सहानुभूति से अनुरोध किया : कुछ तो अवश्य लीजिये, सैण्डविच ले लीजिये मैं साथ दे दूँगी। और बैरे की ओर देख कर बोली : सैण्डविच और चाय।

बैरे ने जानना चाहा : कौन-सी सैण्डविच?

मिले--जुले। विनी ने उत्तर दिया और फैंटम के एक ही बार खाने के सम्बन्ध में अनुमान को अपने अनुभव से मिलाने के लिये पूछा : आप दिन में एक ही बार क्यों खाते हैं?

फैंटम ने उदासीनता से कह दिया : काफी होता है। सुबह ख्याल रहता है, सैली की समाधि पर सेमेट्री तक जाना है। इतनी दूर पैदल जाना है, इसलिए खा लेने का उत्साह रहता है। सैली को पत्रों में खाने पीने की बाबत सदा बताना पड़ता था। संध्या मकान में सूनापन भारी हो उठता है, इसलिये झील किनारे आकर बेंच पर या कहीं भी बैठा रहता हूँ। सैली को आया, छः-सात बजे खाना बना कर रख देती है। आठ-नौ बजे लौटता हूँ। तब तक खाना ठंडा होकर जम-सा जाता है। वैसे भी इच्छा नहीं होती। न खाने से सुबह अच्छी भूख लग जाती है।

विनी ने पलकें झपका कर लम्बी साँस लीं, उसका अनुमान ठीक था। अकेली हो जाने के बाद से उसका खाना-पीना भी ऐसे ही चलता था। रीमा साथ रहने पर खिलाने के लिये जिद करती थी। धीमे से पूछ लिया : बाल-बच्चे आगरे में हैं…?

फैंटम झील की ओर देख रहा था। विनी की ओर दृष्टि घुमा कर उसने उत्तर दिया : विवाह के तीन वर्ष बाद एक लड़का हुआ था। ग्यारह महीने ही रहा। उसका फोटो आगरा में है। परमेश्वर अपवित्र कल्पना के लिए मुझे क्षमा करें, आप भी क्षमा करेंगी; सैली की गोद में आर्थर को देखता तो ऐसा लगता कि शिशु लिये मैडोना को साक्षात् देख रहा हूँ। आर्थर बड़ा सुन्दर था, गोरा-गुथला बिलकुल सैली की मनुहार। बच्चे को परमेश्वर ने बुलाया था, निमोनिया का बहाना हो गया। वही तो सैली के रोग का कारण हो गया। मुझे सहारा दिये रहने के लिए प्रकट में बहुत धैर्य बनाये रहती थी। कह देती थी : आर्थर हम से ज्यादा परमेश्वर को प्यारा है। सैली को अपने ऊपर जबर्दस्त संयम था, बहुत बड़ा दिल था उसका। उलटे मुझे सांत्वना देती थी…परमेश्वर हमें क्या और नहीं देंगे…!

फैंटम स्मृति के उनमेष से पल भर मौन रह गया : दो वर्ष बाद स्वास्थ्य ठीक न होने पर भी उसे आशा हो गयी…परन्तु स्वास्थ्य ठीक नहीं था, शायद इसीलिये चार मास का जाता रहा। इस घटना से उसके स्वास्थ्य और मस्तिष्क को भी भयंकर धक्का लगा। कई दिन विक्षिप्त-सी

रही। महीनों पलंग से नहीं उठ सकी। मैंने अपने मन में बहुत परिताप अनुभव किया परन्तु उसे अपने मन पर वश था। मेरे परिताप पर प्यार की झुँझलाहट दिखाती—यूँ फैंटी फूल! और मुझे अपने समीप झुका कर लम्बी-लम्बी चोटियाँ मेरे गले में लपेट देती···नहीं बोलूँगी मैं, जरा बीमार हो गयी तो क्या मुझे प्यार नहीं करोगे?

विनी लज्जा से झनझना गयी। पलकें झुकाये सोचा···हाय, अपने आप में नहीं है। फैंटम को विस्मृति में गोता ले लेने के लिए सहारा देकर संतोष भी अनुभव किया। फिर सुना, फैंटम कहे जा रहा था : जब डाक्टर ने उसे फेफड़ों का टी०बी० बता दिया, मुझे चूमने नहीं देती थी। विनी की पलकें, झुक कर रोमांच-सा अनुभव हो गया। अभद्र बात सुनने का संकोच नहीं···सुनने में अच्छा लग रहा था। फैंटम आत्म-विस्मृत-सा कहता गया : मैं आग्रह भी करता तो धमका देती—ऐसा करोगे तो आत्म-हत्या कर लूँगी। तुम्हें अपनी सेहत का ख्याल नहीं, तो मुझे तो है, तुम्हें प्यार के नाम पर रोग दे दूँ!···फैंटम ने चौंक कर पलकें झुका लीं : मुझे खेद है···अन्यथा न मानियेगा।

नहीं, नहीं! विनी ने जल्दी से विश्वास दिलाया और रेस्तराँ के दरवाजे की ओर नजर कर कह दिया : बैरा बहुत देर कर रहा है। उसकी कल्पना में रोमी की वैसी ही स्मृतियाँ घूम गयीं···। सब स्त्रियाँ यही कहती हैं···।

बैरा सैण्डविच के दो पूरे-पूरे प्लेट ले आया था। विनी इतने सैण्डविच देख कर चौंकी। याद आया आर्डर देते समय आधी या एक प्लेट कह देने का ख्याल नहीं आया।

विनी का ध्यान फिर बाँह पर लगी घड़ी की ओर गया—डेढ़! वे लंच के लिये मेरी प्रतीक्षा में होंगे···होने दो। लंच तो सामने आ गया है, इसे क्या फेंक जाऊँ?

बैरे के समीप से हटते ही फैंटम फिर कहने लगा : डाक्टर ने उसे फेफड़े का टी०बी० बता दिया था। मुझे प्रायः समीप नहीं आने देती थी। मैं उसके पलंग की पटिया पर बैठ जाता तो श्वास दूर रखने के लिए मुँह दूसरी ओर कर लेती। कभी मैं जिद भी करता तो बहुत कठोरता दिखाती—क्या दिल का, नजरों का प्यार काफी नहीं है! और डाँट देती—मैं संयम कर सकती हूँ, क्या तुम नहीं कर सकते?

···पिछले छः वर्षों में हमारा प्रेम संयम और निग्रह निबाहना ही था। मैं उसे जीवित रख सकने के प्रयत्नों से ही संतोष पा रहा था।

विनी की पलकें फैंटम की ओर उठ गयीं। पूछ लिया आपके लिये चाय अभी बना दूँ या बाद में लेंगे?

फैंटम झिझका : जब आप लेंगी, तभी ले लूँगा।

विनी को सब कुछ बता देने के लिये उसकी आँखों में देख कर बोला : बीस दिसम्बर को यहाँ आया तो रह नहीं सका, वर्षों बाद उसके माथे पर चूम लिया। सैली ने विरोध नहीं किया, बोली—पत्र में नहीं लिख सकती थी, प्रतीक्षा ही कर रही थी। लगता है, तुम्हारी छुट्टियाँ समाप्त होने से पहले ही चली जाऊँगी। तुम्हें प्यार कर सकने के लिये यह पीड़ा सह कर भी जिन्दा रहने के लिये तैयार रही लेकिन अब और नहीं चल पाऊँगी। खाँसी आने पर साँस लेने में असह्य कष्ट हो जाता है।

मैंने उसे बहलाना चाहा—तुम अकेली रह कर घबरा गयी हो, मैं आ गया हूँ, मुझे तो तुम्हारी अवस्था सुधरी जान पड़ती है···।

मैं उस दिन डाक्टर से भी मिलने गया था। डाक्टर ने कह दिया—चिकित्साशास्त्र के वश में जो कुछ था, हम कर चुके। अब केवल ईश्वर की कृपा का ही भरोसा किया जा सकता है।

मैंने डाक्टर से आग्रह किया—कहिये तो डाक्टर कक्कड़ को दिखा दें, शायद वह कोई सुझाव दें।

अगले दिन सुबह मैं गेठिया सेनेटोरियम से डाक्टर कक्कड़ को बुला लाया। डाक्टर सैली को देख कर बाहर निकले तो उन्होंने साफ कह दिया—भगवान की कृपा का ही भरोसा कीजिये। यह मरीज तो केवल इच्छा-शक्ति से ही जिन्दा है···।

विनी का ध्यान सैंडविच खाने की अपेक्षा फैंटम की बात की ओर अधिक था। फैंटम दो सैण्डविच खा लेता तो वह दो और झट उसकी प्लेट में रख देती। विनी का हाथ उसकी प्लेट में सैण्डविच रखने के लिये बढ़ा हुआ था। फैंटम ने उसे ध्यान से सुनने का अनुरोध करने के लिये अपना हाथ उसके हाथ पर रख दिया : और देखो मेरा अहंकार, मैं समझता था कि मैं सैली को अपनी इच्छा-शक्ति से, अपने परिश्रम से जीवित बनाये था। मैं कभी मानने को तैयार नहीं था कि मेरा परिश्रम और इच्छा-शक्ति असफल रह जायेंगे।

डाक्टर कक्कड़ ने नुस्खे में कोई परिवर्तन नहीं किया। क्रिसमस के दिन सुबह सैली ने आया से अपने कपड़े बदलवा देने के लिये कहा। मैंने आग्रह किया—नहीं, आज मैं स्वयं बदलाऊँगा।

सैली ने कहा—तुम बदलवाओगे तो मेरी बात मानो, मानोगे कि नहीं, मानोगे? असगुन की बात ख्याल कर इनकार नहीं करना। मेरी वह साड़ी[१] काले बक्स में सबसे नीचे लाल रूमाल में लिपटी हुई इनकार न करना, वही पहना दो।

मेरा कलेजा धक् से रह गया था। एक बार समझाया : और भी अच्छी साड़िया हैं।

बोली—आज 'बड़ा दिन' है, जो कहती हूँ मान लो। मैंने सोचा उसे बहस करके थकाना उचित नहीं। इन बातों से क्या बनता-बिगड़ता है! वही साड़ी पहना दी।

मुझे सैली पर वह साड़ी अच्छी नहीं लग रही थी। दोपहर में मैंने सैली से कहा—अब साड़ी बदलवा लो। तो कातरता से मेरी ओर देख कर बोली—ठीक है, तुम्हें असुगन मालूम होता होगा। माफ करना फैंटी, मैंने यूँ ही जिद की थी। अच्छा बदलवा दो।

आया ने साड़ी बदलवा दी। मैं उस रोज बाहर नहीं गया। प्रायः उसके कमरे में ही रहा। पिछली संध्या देवदार की एक टहनी लाकर उसके कमरे में मेज पर क्रिसमस वृक्ष सजा दिया था। उसके समीप बैठ कर बाइबिल से उस दिन क्रिसमस का अध्याय पढ़ कर सुनाया।

आया रात में अपनी खटिया उसके कमरे में एक कोने में डाल लेती थी। मुझे वह इन्फेक्शन के डर से अपने कमरे में नहीं सोने देती। उस रात दस बजे तक उसे कभी कुछ, कभी कुछ पढ़ कर सुनाता रहा। ग्यारह बजे उसने कहा—सो जाओ। तो मैं साथ के कमरे में चला गया।

नींद में मुझे ऊँची, स्पष्ट पुकार अपने सिर के पास सुनायी दी—फैंटी! सैली की आवाज बहुत धीमी रह गयी थी, वह उठ कर न आ सकती थी। मैं तड़प कर उठा, उसके कमरे में गया। बिजली जलायी। सैली लिहाफ में निश्चल पड़ी थी। आया बेसुध सोयी हुई थी। ख्याल

---

१. ईसाई समाज में विवाहित स्त्री को कफन में रखते समय, विवाह के समय पहनी हुई साड़ी और अँगूठी पहना दी जाती है।

आया, आया ने इसकी आवाज नहीं सुनी। आया सित्ती बहुत भली औरत है, बहुत सतर्क रहती थी। मैं सैली के तकिये की ओर बढ़ गया। उसके होंठ कुछ खुले हुए थे। मुख के कोने से रक्त की पतली-सी धार गाल पर बह गयी थी। आँखें कुछ अधिक खुली हुई, पुतलियाँ स्थिर। माथे पर ठंडा पसीना। हाथ नाक पर रखा, श्वास नहीं था। नाड़ी भी नहीं चल रही थी। मैंने आया को पुकारा। वह झपट कर उठी और पलंग के समीप आ गयी। सैली को देख कर वह जोर से रो पड़ी। उसने सैली की पलकें मूँद दीं। होंठ बन्द कर दिये। लिहाफ चेहरे पर खींच दिया और फर्श पर बैठ कर रोने लगी।

विनी ने नेपकिन से आँसू पोंछ लिये। फैंटम ने उसकी ओर नहीं देखा, वह कहता गया…मैं पलंग के समीप कुर्सी खींच कर बैठ गया। मानना पड़ा, मैं हार गया। अंगीठी की रौंस पर पड़ी टाइमपीस पर देखा—तीन बज कर पाँच मिनट। मैं सैली के पलंग पर बैठा रहा। मुझे सैली की आत्मा की सद्गति के लिए प्रार्थना करनी चाहिए थी परन्तु मेरे मन् और मस्तिष्क खौल रहे थे—यह न्याय नहीं है…यह कैसे हो गया! ईश्वर, मैं जिन्दा नहीं रह सकूँगा, मुझे भी ले चल।…मैं सैली के पलंग की पटिया पर बैठा रहा। साढ़े चार बजे अंधेरे में डाक खाने गया। सैली के पिता और अपने छोटे भाई को तार दे दिये। नैनीताल में मेरा परिचय ही क्या था; अब भी नहीं है। बहुत कम लोग मुझे जानते हैं। आठ बजे पादरी को जाकर सूचना दी। दोपहर में सहायता के लिये आदमी आ गये। भाई और ससुर ने तार से आने की सूचना दे दी थी इसलिए प्रतीक्षा कर लेना उचित था।

पादरी ने सत्ताईस दिसम्बर की दोपहर बाद समाधि देने का प्रबन्ध करवाया था। समाचार पाकर बहुत से स्थानीय, धर्मभीरू ईसाई भाई-बहिनें सहानुभूति में आ गये थे। मेरे भाई ने और सैली के पिता ने समझाया, आगरा चला जाऊँ। परिचितों के बीच रहने और काम-काज में व्यस्त हो जाने से मन संभलेगा। सैली अन्तिम समय जिस स्थान पर दो वर्ष नौ महीने रही थीं, जहाँ वह सब ओर समायी हुई थी, उसे छोड़ नहीं सकता था। मुझे अच्छा नहीं लगता कि सैली को भुलाने के लिए और बातों में मन लगाऊँ। यहाँ हूँ तो नित्य उसकी समाधि पर हो आता हूँ…।

फैंटम खिड़की के बाहर झील पर मंडराती धुंध की ओर नजर किये एक के बाद दूसरा सैण्डविच खाता, बोलता चला जा रहा था।

विनी के व्यथा भरे मन में फैंटम के वियोग के प्रति सहानुभूति और करुणा का एक केन्द्र धनीभूत हो रहा था। भूख अनुभव होने पर भी करुणा गले में अटक रही थी। मुख के ग्रास से गले में रुँधी करुणा को नीचे उतार लेना नहीं चाहती थी। फैंटम की प्लेट में सैण्डविच रखती जा रही थी। उसका बेसुधी में खाते जाना विनी को अच्छा लग रहा था। सोच रही थी, चाय बना ले परन्तु फैंटम की बात में विघ्न न डालने के लिये चायदानी की ओर हाथ नहीं बढ़ा रही थी। अपना व्यथा की सहानुभूति से फैंटम की व्यथा के उद्‌गारों को टेक देकर, दोनों को एक साथ संभाल लेना चाहती थी।

चायदानी की ओर हाथ बढ़ाते हुए फिर कलाई पर नजर पड़ गयी—दो बज कर दस मिनट हो चुके थे। मन ही मन चौकी—हाय बहुत देर हो गयी। जेनी और पामर बहुत चिन्ता कर रहे होंगे!

फैंटम विनी की असुविधा के प्रति सावधान था। उसने कलाई की ओर जाती विनी की दृष्टि से चिन्ता को भाँप लिया : आपको देर हो रही है। उसने अपनी उदासी छिपाने का प्रयत्न कर पूछ लिया।

नहीं, नहीं ऐसी कोई बात नहीं। विनी ने अपनी चिन्ता दबा कर कहा। फैंटम की व्यथा को जगा कर उसे यूँ ही कैसे छोड़ जाती! सोचा—बस चाय पी कर दस मिनट में चलती हूँ आत्मीयता की आर्दता से बोली : ईश्वर आपको धैर्य और बल दे। जानती हूँ, असीम व्यथा के बोझ को आप कैसे सँभाल रहे हैं। उसने प्याले में चाय डाल कर फैंटम की ओर बढ़ाई। अपने लिये भी चाय डाल कर एक घूँट लिया और अपनी शिथिलता पर संकोच से खेद प्रकट किया : हाय, चाय तो गर्म नहीं रही, आपको अच्छी नहीं लगेगी। मैं आपकी बातें सुनने में चाय बनाना भूल ही गयी।

फैंटम ने विश्वास दिलाया : नहीं-नहीं, चाय बहुत अच्छी है, काफी गर्म है।

विनी गुनगुनी चाय को जल की तरह पी गयी। दूसरा प्याला ले लेने का विचार छोड़ दिया। चलने के विचार से बटुआ संभाला और बैरे के लिये नजरें दौड़ायीं। वर्षा का जोर घट गया था। वर्षा फुहार में बदल

गयी थी। सोचा—ऐसी फुहार में पगडंडी चढ़ जाये तो अधिक नहीं भीगेगी।

बैरा बिल हाथ में लिये संकेत की प्रतीक्षा में खड़ा था। उसने बिल पेश कर दिया। विनी चौकस थी, पाँच का नोट हाथ में थामे थीं। वह बिल की तश्तरी में नोट रख ही रही थी, फैंटम ने हाथ बढ़ाकर उसका हाथ पीछे कर दिया : इस बार तो मुझे दे लेने दीजिये!

विनी झेंपी और कह दिया : यह भी तो आपका ही है। नोट तश्तरी में छोड़ दिया। फैंटम ने विनी का हाथ छोड़ पलकें झुका लीं।

विनी ने धीरे से पूछा : आप बुरा तो नहीं मान गये?

फैंटम ने गर्दन हिला कर इनकार किया : आप बुरा कर ही नहीं सकतीं। मैंने आपसे पूरी सहानुभूति का सहारा अनुभव किया है। आपने मन:स्थिति को समझ लिया, खुद ही समझ लिया। दूसरे लोग बताने पर भी नहीं समझ सकते। कहते हैं, पागलपन कर रहा हूँ। मैं उन्हें क्या बता सकता हूँ। मेरी व्यथा ने आप में अपना प्रतिबिम्ब पहचांन कर सहानुभूति और सहायता के लिये हाथ पसार दिये।

बैरे ने चेंज लाकर मेज पर पड़ी तश्तरी में रख दिया। विनी उठने की तैयारी में कुर्सी पर सीधी हो गई थी। फैंटम की बात से विनी की ठोड़ी थिरक कर होंठ भीतर सिकुड़ गये, पलकें झपक गयी और कन्धे फिर कुर्सी की पीठ से टिक गये। उसने बैरे की ओर नहीं देखा।

फैंटम ने भी बैरे की ओर नहीं देखा और कहता गया : इसलिये मैं आपके सामने इतनी बातें कह गया। दूसरे लोग नहीं समझते। मेरा छोटा भाई टोनी नौ दिन यहाँ मेरे साथ रहा। वह मुझे चुप देखता तो पास आ बैठता और सैली की कोई बात सुनाकर उसकी प्रशंसा करने लगता। उसका प्रयोजन स्पष्ट था कि ऐसे प्रसंगों के उद्रेक में मैं बोलूँ और मेरे मन पर जम गये अवसाद का बोझ गल कर बहने लगे। वह यह नहीं समझता था कि अवसाद बह कर समाप्त होने वाला नहीं है। आप तो समझती हैं, क्या उन स्मृतियों को बहा देने को मन चाहता है! मेरे लिए उसकी बातें सुनते रहना सह्य न रहता तो घूमने या उससे बच सकने के लिए घूमने के बहाने निकल जाता। दोपहर, शाम या रात में भी टोनी मेरे साथ हो लेता। मेरे अनुरोध करने पर भी मुझे अकेला नहीं जाने देता।

मेरी चुप्पी से उसे संदेह था कि मैं आत्म-हत्या न कर लूँ परन्तु यह उसकी मूर्खता थी। आत्म-हत्या का विचार मेरे में आया ही नहीं।

आत्महत्या से कौन प्रयोजन पूरा होता! क्या मैं आत्महत्या करके सैली को पा सकता हूँ या उसके उपचार के लिए श्रम करने का संतोष पा सकता हूँ? विचार और कल्पना-शक्ति को बचाये रख कर सैली को प्यार और याद कर सकता हूँ। कल्पनाओं में उसके साथ हँस-खेल लेता हूँ, उसे प्यार कर लेता हूँ।

विनी ने कोहनी मेज पर रख कर माथा हथेली पर टिका लिया था। रोमी से बिछड़ कर उसके मन में अनेक बार आत्महत्या से शांति पा सकने का विचार उठा था। केवल ईश्वर के विचार और पाप के भय से ही उस इच्छा को अनुचित समझ कर अनन्त व्यथा को सहने की मजबूरी स्वीकार की थी। फैंटम की बात सुन गहरी साँस ले सोचा—मर गयी होती तो क्या होता! नेपियर को याद कर सकना भी समाप्त हो जाता। नेपियर के लिए प्यार उमड़ आया। प्यार का उच्छ्वास, प्यार के लिये अधीर को सांत्वना देने के लिये छलक आना चाहता था : मैं समझती हूँ। वही तो सबसे बड़ी बात है। कल्पना में ही तो जी सकते हैं।

मस्तिष्क में पामर और जेनी की चिन्ता फिर कौंध गयी। अपनी भटकती व्यथा के लिये सहारा पाकर उसे तुरन्त कैसे छोड़ जाती! विलम्ब भी तो बहुत हो गया था। विनी चलने के लिये कुर्सी पर सीधी हो गयी।

बैरा कुछ पल मेज के समीप ठिठक गया था। फैंटम की गहरी सांत्वना भरी संगति के लिए धन्यवाद के शब्द मुँह में आ ही रहे थे और हाथ प्लेट की ओर टिप के लिये पैसे छोड़ कर शेष उठा लेने के लिये बढ़ रहा था। फैंटम विनी की ओर झुक कर बोल पड़ा : आपने मेरे कुछ न कहने पर भी जान लिया। अनुभव से ही जाना जा सकता है। आपने बिना कहे ही जान लिया। भाग्य ने हमारे संतोष को कल्पनाओं और स्मृतियों में ही सीमित कर दिया है। लोग वह भी हमसे क्यों छीन लेना चाहते हैं?

फैंटम कुछ झिझका और कुर्सी पर सीधा हो गया : आप को बहुत देर हो गयी। मुझे खेद है, सहारे के लिए आपको पकड़ कर बैठ गया। लगता है, जाने ही नहीं दूँगा। उसने विनी की ओर अपराधी की भाँति देखा।

नहीं, नहीं ऐसी बात नहीं! विनी उठ जाने की मजबूरी प्रकट नहीं कर सकी, बोली : कोई बात नहीं, मैंने खा तो लिया है। मन में पामर और जेनी की उद्विग्नता और चिन्ता झाँकी मार गयी परन्तु फैंटम की बात पूरी सुन लेने से पहले कैसे उठ जाती! उसे बात सुनने की इच्छा का विश्वास दिलाने के लिये विनी ने कन्धे फिर कुर्सी की पीठ से लगा दिये और जाने की व्यग्रता छिपाने के लिये थोड़ा पसर गयी, घुटना मेज के पाये से टिका दिया।

फैंटम ने आश्वस्त होकर हाथ जेब में डाला और सिगरेट की डिबिया निकाल ली।

फैंटम के हाथ में सिगरेट की डिबिया देख कर विनी को याद आ गया⋯भला आदमी सेमेट्री की ड्योढ़ी में बेंच पर बैठा सिगरेट पी रहा था। दोनों बार उसे देख कर विनय से सिगरेट फेंक दी थी। तब से इसने शायद मेरी ही असुविधा के विचार से सिगरेट नहीं लगाई। रोमी सिगरेट पीने लगता था तो कभी-कभी सिगरेट से सिगरेट सुलगाता जाता था⋯।

फैंटस डिबिया खोलने से पहले झिझका : धुएँ से आपको असुविधा तो नहीं होगी?

विनी ने सोचा⋯बेचारा इतनी देर से मन मारे है। मुस्कराकर कह दिया : सिगरेट जला लीजिये।

फैंटम ने सिगरेट होंठों में ले सुलगा ली। माचिस बुझ कर राख दानी में डाल दी। एक गहरा कश ले विनी को बचा कर धुआँ छोड़ा। देखा विनी का मुख खिड़की की ओर था और पलकें मुँदी हुई थीं। फैंटम ने भी खिड़की से फुहार की ओर नजर डाली। दूसरा कश लिया और फिर गर्दन बाईं ओर घुमा कर धुआँ छोड़ दिया।

विनी ने देख लिया था। नजरें झील की ही ओर किये रही। अस्पष्ट सी मुस्कान में होंठ थिरक गये। बहुत धीमे से निकला : मुझे धुआँ बुरा नहीं लगता और फैंटम की ओर देख लिया।

फैंटम ने उसे कुछ अवसर देकर पूछ लिया : क्या कुछ याद आ गया।

विनी ने फैंटम की ओर देख पलकें झुका लीं : रोमी बहुत सिगरेट पीता था।⋯मैं सब कमरों में कई जगह राखदानियाँ रखे रहती थी। वह फिर भी टुरों से फर्श भर देता था। उसने अपनी तर्जनी और मध्यमा दिखा

कर कहा : उँगलियाँ पीली रहती थीं···विनी की दृष्टि मेज पर झुक गयी। स्वर और भी भारी हो गया : कभी तीसरी, चौथी सिगरेट से सिगरेट सुलगाने लगता तो मैं छीन लेती। मुझे पकड़ लेता। बहुत-सा धुआँ खींच कर मेरे मुँह में भर देता···।

फैंटम ने भी स्मृति में खोये स्वर में कहा : ओह डियर, हाउ स्वीट!

विनी नजरें झुकाये रही। उसका स्वर आर्द्र हो गया। फिर बोली कभी-कभी मुझे भी पीने के लिए विवश कर देता था।

उसकी आँखें फैंटम की ओर उठी तो फैंटम भी मुस्करा दिया : वेरी स्वीट, लेकिन खाँसी आ जाती होगी।

विनी ने इनकार में सर हिला दिया : नहीं, अकेले में मुझसे ही सुलगवाता था। मैं भी एक-आध कश ले लेती थी।

फैंटम ने डिबिया फिर निकाल ली थी परन्तु झिझक गया : धृष्टता न समझें तो मैं हाजिर करूँ!···पी लेने से जायका बदल जाता है।

विनी ने उदासी से कहा : नहीं धृष्टता क्या है, खुद ही तो बताया···पी लेती थी। दस महीने हो गये। सुलगाने के लिये पी लेती थी। मुझे तलब नहीं होती थीं।

फैंटम झिझका परन्तु कह बैठा : तलब न सही परन्तु कम्पनी के लिये···।

विनी ने उसकी आँखों में देखा, भीगे स्वर में पूछ लिया : आपको अच्छा लगेगा?

फैंटम ने उत्साह से कहा : जरूर, बहुत अच्छा! मैं कम्पनी के लिये अहसान मानूँगा लेकिन यह बहुत मामूली सिगरेट है।

विनी ने कह दिया : मेरे लिए कोई फरक नहीं पड़ता, दे दीजिये।

विनी ने सधे हाथों से सिगरेट सुलगा ली, कश खींच कर पलकें मूँदे रही।

फैंटम ने सोचा—व्यर्थ आग्रह किया, बहुत दिन के बाद पीने से कहीं चक्कर न आ गया हो।

विनी ने पलकें उधाड़ीं तो बैरा आ गया। उसने सलाम करके प्लेट से टिप उठाते हुए पूछ लिया। कुछ और हाजिर करूँ?

विनी ने फैंटम की ओर देखा : वह चाय तो ठंडी हो गयी थी। एक गर्म प्याला ले लीजिये। और बैरे से कह दिया : चाय और ले आओ।

बैरा चाय लेने चला गया।

विनी के मस्तिष्क में जेनी और पामर की परेशानी का ख्याल फिर कौंध गया। घड़ी की ओर देख लिया—तीन बज चुके थे। सोचा—मैं क्या करूँ···वे लंच तो खा ही चुके होंगे। देर तो हो गयी है।···वह आधी बात छोड़ कर कैसे चल देती! फैंटम की ओर देखा : मैंने घर से बाहर कभी सिगरेट नहीं पी थी। ऐसी जगह पहली बार पी है।···आप को कम्पनी की सांत्वना मिली है तो कोई बात नहीं।

फैंटम देख रहा था, विनी ने सिगरेट थामे हाथ को कुर्सी की बाहँ पर टिका लिया था। उसने दूसरा कश नहीं खींचा था। उसकी दृष्टि खिड़की के बाहर हल्की फुहार की ओर थी।

फैंटम ने आभार से दबे स्वर में कहा : आप कितनी कृपालू और ममतामयी हैं। मैं आज आपसे कितनी सांत्वना और सहायता पा रहा हूँ। आज अपनी व्यथा पर शीतल आलेप-सा अनुभव हो रहा है।

विनी खिड़की से झील की ओर ही देखती रही और धीमे स्वर में बोली : मैंने क्या किया। मेरी विह्वलता में आप ही ने तो सहारा दिया। भीगने से भी बचाया। फैंटम फिर कोई और एहसान की बात न कह दे इसलिए झील की ओर देखते हुए कहती गयी : ये झील, किनारे से वृक्ष और झुके हुए बादल इस समय कितने उदास लग रहे हैं! जैसे सब मिल कर इतना रो चुकने पर भी रुलाई समाप्त नहीं कर सकते।

झील के किनारे मजनूँ के वृक्ष धुन्ध के आवरण से स्पष्ट हो गये थे। जान पड़ता था, झील अपनी ही आहों के धुँधले धुएँ में छिप गयी थी। वर्षा धीमी हो जाने पर भी सड़क पर बहुत ही कम लोग थे। कोई अकेली रिक्शा इधर या उधर निकल जाती। झीने धुन्ध में छातों के नीचे झुके हुए या बरसाती में लिपटे लोग जहाँ-तहाँ दिखाई दे रहे थे। कोई आदमी इन्द्रधनुषी छाता लिये खिड़की के नीचे से मल्लीताल की ओर चला जा रहा था।

विनी ने इन्द्रधनुषी छाते की ओर संकेत कर फैंटम को बताया : चार-पाँच वर्ष पहले ऐसे छाते का बहुत रिवाज था, मुझे बहुत अच्छा लगता था। मैंने भी रोमी के लिए खरीद लिया था। कितनी ही वर्षा हो,

उसके लिये दिन भर घर बैठे रहना मुश्किल था। संध्या छाता लेकर किसी न किसी से मिलने चल देता था। मुझे भी घसीट ले जाता। जानते हैं, धूप में इस सड़क पर कितनी रौनक होती थी। तितलियों का मेला लग जाता था। इस समय तो लग रहा है कि धूप कभी निकलेगी ही नहीं…।

विनी चौंक कर कुर्सी पर सीधी हो गयी और फैंटम की ओर देखा।

फैंटम की उँगलियाँ उसके घुटने को लग गयी थी और वह स्वयं चौंक गया था : क्षमा कीजिये, सैली यही कहा करती थी। ऐसे मौसम में तीन-तीन, चार-चार दिन सूर्य न निकलता तो बिलकुल यही शब्द कहती थी।…फैंटम का स्वर दर्द में धीमा हो गया : वह बीमार रहती थी। कोई कारण ही नहीं होता था कि हम लड़ सकें तो झूठ-मूठ इसी बात पर लड़ लेते कि धूप क्यों नहीं निकलती। उसे झुँझलाने का अवसर देने के लिए मैं कह देता—हमें तो धूप अच्छी नहीं लगती। कितना ठंडा, सुहावना हो रहा है। हम तो चाहते हैं, ऐसा ही रहे। तुम ऐसे मौसम को कद्र क्या जानो! इसकी कद्र तो आगरा की लू झेलने वाले ही जान सकते हैं। वह चिढ़ जाती—देख नहीं रहे हो, सब तौलिये, कपड़े भींगे पड़े हैं। बिस्तर गंधाने लगे हैं। ये सब सड़ जाएँ! और आँखें नम करके मुझे क्रूर और दुष्ट कह देती।

फैंटम खिड़की से झील की ओर देख रहा था। स्वयं विनी की दृष्टि धुँधली हो गयी थी। न जाने क्या-क्या याद आ जाने से शरीर के स्नायु कसक गये। गले में अटक-सी अनुभव होने से कुछ बोल न सकी। फैंटम से आँखें बचाये रखने के लिए हाथ में थमे सिगरेट से उठते धुएँ की पतली, काँपती-सी रेखा को देखती रही।

बैरा चाय रख गया। फैंटम का सिगरेट जल कर उँगलियों को ताव देने लगा था। उसने सिगरेट को अँगूठे से ऐश ट्रे में दबा दिया। कुर्सी की बाहँ पर रखी विनी की उँगलियों में सिगरेट कश न खींचे जाने के कारण दो-तिहायी ही जली थी। हाथ न हिलने के कारण राख सिगरेट के आकार में बनी हुई थी। विनी सिगरेट थामे हाथ को सावधानी से होंठों तक ले गयी। एक छोटा-सा कश और ले लिया। सिगरेट को राखदानी में डाल कर फैंटम को ओर देख लिया। फैंटम ने समझा और थैंक्यू कह दिया।

मेज पर झुक विनी ने कहा : चाय ठंडी न हो जाय, मैं बनाती हूँ।

फैंटम ने स्वीकार किया : प्लीज! और विनी के चाय बनाते हाथों को देखता रहा। विनी की दृष्टि प्यालों में ढलती चाय पर थी। उसे अपने हाथों पर फैंटम की दृष्टि का स्पर्श अनुभव हो रहा था; जैसे वह सैली की स्मृति की विह्वलता में सहायता माँग रहा हो। विनी को कचोट-सी अनुभव हो रही थी···वह क्या कर सकती थी! सहायता देने की भावना प्रकट करने के लिये स्वगत-सी बोली : चाय बनाना भी भूल गई हूँ। किसके लिए बनाऊँ? कभी-कभी तो चाय पीना याद ही नहीं रहता। सिर दर्द करने लगता है तो चाय की याद आती है। अब तो उतनी आदत भी नहीं रही। प्याला बनाकर उसने फैंटम को ओर देखा : देखिये कैसी बनी है?

थैंक्यू! फैंटम ने प्याला आदर से ले लिया : वैरी नाईस। और विनी की ओर झुक कर, उसकी कोहनी छू कर बोला : आपने कहा, आदत भी नहीं रही···अकेले अपने लिये चाय बनाकर पी लेने से संतोष नहीं होता होगा।

विनी को इस बार फैंटम का हाथ कोहनी पर लग जाने से रोमांच नहीं, फैंटम से भरोसा पाने और देने की इच्छा अनुभव हुई। उत्तर दिया : आप ठीक ही कहते हैं।

फैंटम ने मेज पर झुक कर गहरी बात कहने के लिये भवें उठा विनी की ओर देखा : आदत क्या होती है···हमें जिन वस्तुओं और व्यवहारों से संतोष की आशा रहती है, उनकी इच्छा बार-बार होती है। जिन वस्तुओं और व्यवहारों से संतोष पाते हैं, उनकी आदत हो जाती है। निश्चय ही आपको आदत और अभ्यास था 'उन' के साथ चाय पीने का। अकेले चाय बनाकर पीने से वह अभ्यास और आदत पूरी नहीं होती बल्कि एक अभाव जाग उठता होगा। चाय उस अभाव को पूरा नहीं कर सकती, उसे जगा देती होगी, ठीक है न!

विनी ने गहरी साँस से स्वीकार किया : हाँ, बिलकुल ठीक है।

फैंटम ने फिर विनी की कोहनी को छू लिया : सुनिये, मेरे लिए सैली की स्मृति का अर्थ है, सैली के सहारे जीवित रहने के अभ्यास को पूरा करने की इच्छा बनाये रहना। उसे याद करने का अर्थ है, उस अभाव को जगाये रखना। इसे मूर्खता कहा जा सकता है परन्तु मैं विवश हूँ। सैली का सहारा मेरे जीवन का अभ्यास था और अब भी है। दूसरी तरह

जीना मुझे नहीं आता। जीवन अपूर्ण हो और मैं अभाव अनुभव न करूँ। अभ्यास ही तो जीवन का प्रकट रूप होता है। जीवन में से सब अभ्यासों और आदतों को काटते जाइये, जीवन क्या रह जायेगा? सैली मेरे जीवन का सबसे बड़ा अभ्यास थी।

विनी कनखियों से फैंटम के चेहरे को देखती सुन रही थी। फैंटम की पलकें उलझन और परेशानी को सुलझाने के कठिन प्रयत्न में झुकी हुई थीं। विनी उसके शब्दों को नहीं, सैली के अभाव में उसकी व्याकुलता को समझ रही थी और अपनी कल्पना में वही बात रोमी के लिए अनुभव कर रही थी।

फैंटम ने पलकें उठा विनी की ओर देख लिया : क्षमा कीजिए, मैं कह नहीं पा रहा हूँ। मैं आपको बहुत बोर कर रहा हूँ।

विनी ने विश्वास दिलाया : नहीं-नहीं, मैं समझ रही हूँ। नजर खिड़की से झील पर मंडराते धुँध की ओर कर ली और गहरा श्वास लेकर पलकें मूँद लीं। उसे लगा, ईश्वर उसे सैली की तरह पुकार लेता तो रोमी उसके बिना कैसे जीवित रह सकता, इसी तरह व्याकुल होता। रोमी की ऐसी व्याकुलता वह कैसे सहती।···वह फैंटम की ओर देख न सकी।

फैंटम ने प्याला समाप्त करके तश्तरी में रख दिया। विनी ने तश्तरी पर प्याला रखने की आहट सुनी।···हाय मैं मीठ मोड़े बैठी हूँ। बेचारा क्या कहेगा। फैंटम की ओर घूम कर विनी दूसरा प्याला बनाने लगी।

फैंटम ने खिड़की की ओर हाथ उठा कर अयारपाटा की ओर संकेत किया : उधर ठंडी सड़क के ऊपर, स्कूल के नीचे रहता हूँ। बड़े कमरे की खिड़की झील के ऊपर खुलती है। खिड़की से झील ऐसी दिखती है जैसे नीचे शीशे का मैदान हो। आकाश साफ हो तो झील गहरे नीले शीशे-सी दिखती है। सामने के झील के किनारे मजनूँ के पेड़ों की पंक्तियों के नीचे माल रोड स्पष्ट दिखायी देती है। कोई चाहे तो खिड़की से गिन ले, कितने स्त्री-पुरुष इधर से उधर आये-गये। चेहरे भी पहचाने जा सकते हैं। धूप के समय खिड़की से, जैसा आपने कहा, सड़क पर तितलियों का मेला-सा दिखायी पड़ता है।

विनी ने चाय का घूँट ले कर स्वीकार किया : हाँ, धूप में तो सचमुच ही मेला लगा रहता है।

सैली का पलंग हवा के लिए खिड़की के साथ ही रहता था। धूप के समय वह पीठ के पीछे तकिये रख कर माल रोड की ओर देखती रहती थी। वह बता सकती थी, सड़क पर कितने बजे सबसे ज्यादा भीड़ थी, कौन-कौन-सी सब्जी बिकने के लिये मल्लीताल की ओर गयी, पादरी साहब कितने बजे किसी के साथ बातें करते हुए वाई० एम० सी० ए० गये, लाल कोट वाली बुढ़िया तल्लीताल गयी थी—वह लौटी कि नहीं, मल्लीताल का सफेद स्वेटर पहने हुए लड़का और पीले स्वेटर में लड़की किस बेंच पर बैठते हैं, कितनी आयाएँ प्रैम्ज़ में बच्ची को लेकर सैर कराने आयीं···। उस सड़क पर पहुँच जाने की तृष्णा से उसकी पुतलियाँ स्थिर रह जातीं···।

विनी के मुख से निकल गया : ओह पुअर डियर, कैसी मानसिक यातना होगी।

फैंटम समर्थन पा कर बोलता गया : धूप रहने पर मैं हफ्ते में एक बार उसे डाँडी में बैठा कर झील का चक्कर लगवा देता था। बाजार में घुमा लाता था। डाँडी के साथ-साथ चलता हुआ उससे बातें करता रहता। मैं डाँडी का टप्पर गिरवा देता। सैली को अपनी रेशमी लाल छतरी बहुत प्यारी थी। मैं साथ चलता हुआ उसकी लाल छतरी उस पर खोले रहता।

विनी ने उल्लास प्रकट किया : हाउस्वीट और उसके मन में आ गया···यदि वह बीमार होती तो रोमी उसके साथ-साथ···डाँडी की कल्पना से उसने माथा झटक दिया।

फैंटम कहता गया : रेशमी लाल छतरी से छनती धूप की झलक में उसका पीला चेहरा सिंदूरी हो जाता और बहुत प्यारा लगता। मैं कह देता—सैली, इस समय तो तुम चौपटिया का गुलाबी आड़ू लग रही हो।

सैली मुस्करा देती—तो फिर खा लो।

मैं पूछता—सच कहती हो!

सैली उत्तर देती—मैं मना करती हूँ।

मैं कहता—अच्छा, घर चल कर सही। लेकिन वह मचलती—ऊँह, हिम्मत है तो अभी खाओ।

विनी फैंटम से आँखें चुरा कर खिड़की से बाहर देखने लगी। रोमी से वैसी ही चुहल और खेलों की स्मृतियाँ नसों-नाड़ियों में कसक गयीं।

गहरा श्वास निकल गया···याद में रोते रहने से तो मौत अच्छी और उसकी कल्पना में फिर रोमी का अपने लिये व्याकुल फैंटम की तरह उदास चेहरा आ गया।

फैंटम का स्वर भीग गया : दो वर्ष पहिले ही सैली ने कहना शुरू कर दिया था···अब मैं उस सड़क पर तुम्हारे साथ कभी नहीं चल पाऊँगी।

विनी का अन्तस् समवेदना से पुनः द्रवित हो गया। फैंटम को न टोकने के लिए एक पलक उसकी ओर देख कर नजर खिड़की से बाहर कर ली। विनी की दृष्टि खिड़की से माल रोड की ओर चली गयी थी और कल्पना वहाँ धूप में सैली की डाँडी पर फैंटम को छतरी उठाये देख रही थी। सोचा···यदि समाधि में लेटी सैली फैंटम की अवस्था जान सके!···कल्पना पलट गयी···यदि रोमी···।

फैंटम ने फिर कहा : पिछले दिसम्बर में यहाँ आकाश काफी साफ था। क्रिसमस के दिन सैली खिड़की के समीप बैठी सड़क की ओर देख रही थी। सामने सड़क पर काफी चहल-पहल थी। उसकी इच्छा समझ कर कहा : तुम्हारे लिए अभी डाँडी लाता हूँ। डाँडी खोजता बाजार से उतर कर यहाँ कैपिटल तक आया। जाड़े के दिन में यहाँ बहुत कम कुली रह जाते हैं। डाँडियों की माँग भी कम रहती है। डाँडियाँ क्रिसमस के कारण पहले ही लग गई होंगी इसलिये मिल नहीं सकीं। अंतिम दिन सैली की धूप में घूमने को इच्छा पूरी न हो सकी। फैंटम की गर्दन झुक गयी और उसने बायाँ हाथ मेज पर टिका दिया।

विनी ने गले में उमड़ आयी सहानुभूति से आँखें नीची कर ली। फैंटम का हाथ उँगलियों से छू कर आश्वासन दिया : आपने उसके लिए सब कुछ किया। धैर्य रखिये, ईश्वर आपकी सहायता करेगा।

फैंटम ने असंतोष से विनी की ओर देखा : ईश्वर जानता है, मैं सैली के लिये सब कुछ करने को तैयार था! मैं कर ही क्या सका! उसने सैली को क्यों बुला लिया : क्या मुझे सैली की जरूरत नहीं है···आप देख तो रही हैं, क्या मुझे उसकी जरूरत नहीं है?

विनी ने हृदय के आवेग को वश में कर फिर फैंटम के हाथ पर सहानुभूति और समवेदना से स्पर्श किया : मैं समझती हूँ···धैर्य···आपने मुझे भी धैर्य दिया है।

फैंटम विनी से झगड़ने जैसे स्वर में बोला : तो फिर कोई कुछ न कहे! मैं यहाँ से नहीं जाऊँगा। लोग क्यों कहते हैं कि मैं आगरा चला जाऊँ?

बैरा चाय का बिल लेकर फिर आ गया। फैंटम ने कोट के भीतर की जेब से एक रुपया निकला बिल के ऊपर रख दिया।

विनी ने रेस्तराँ में नजर घुमाई। इस बीच में वर्षा कुछ देर के लिए कम हो गयी थी। चाय का समय हो गया था। रेस्तराँ में कई ग्राहक आ गये थे परन्तु वर्षा फिर बढ़ गयी थी। फैंटम भावावेश में अपनी व्यथा कुछ ऊँचे स्वर में उड़ेलने लगा था और विनी उसे सांत्वना दे रही थी। कई लोग कनखियों से उनकी ओर देखने लगे थे।

विनी ने घड़ी में समय देखा—पौने पाँच। पर्स दोनों हाथों में पकड़ लिया और कह दिया : अब चलूँ, सुबह साढ़े आठ बजे घर से चली थी। मेरी कजिन और ब्रदर-इन-ला बहुत परेशान हो रहे होंगे। लंच के लिये भी नहीं लौटी, घबरा रहे होंगे।

फैंटम ने कातरता से विनी की ओर देखा और विह्वलता से बोला : मेरी आतुरता क्षमा कीजिये, मैंने ही आपको इतनी देर रोका है। ठीक है, आपको अब चलना ही चाहिये।

विनी फैंटम की आतुरता अनुभव करके भी मन पर पत्थर रख खड़ी हो गयी।

फैंटम भी चलने के लिये खड़ा हो गया। खाली कुर्सी से टिकी हुई अपनी छतरी उठा ली।

खिड़की से बाहर देख उसने कहा : वर्षा का जोर तो बढ़ गया है।

जीने से उतरते हुए फैंटम ने पूछ लिया : क्या आप कल मिल सकेंगी? मुझे अभी बहुत कुछ बताना है। मुझे आपने बहुत सांत्वना और सहारा दिया है।

विनी ने तुरन्त जवाब दिया : आप ठीक कहते हैं। मैं जाना नहीं चाहती पर क्या करूँ, मजबूरी है। होस्ट परेशान हो रहे होंगे।

फैंटम विनी को शिष्टता के विचार से कोहनी पर सहारा देकर नीचे ले आया। छतरी खोलने का उपक्रम कर सड़क की ओर बढ़ते हुए बोला : आप बरामदे में रहिये, मैं डाँडी पुकार लेता हूँ। क्या एक अनुरोध कर सकता हूँ, आपकी कजिन के मकान तक आपको डाँडी में छोड़ आऊँ?

विनी ने फैंटम की आस्तीन पकड़ कर कहा : मैं डाँडी में नहीं बैठती।

फैंटम बोला : ओह, मैं छाता करके आपको पहुँचा देता हूँ।

विनी ने होंठ काट कर सोचा और पूछ लिया : आपके मकान तक रिक्शा नहीं जाती। आप उतनी दूर इस वर्षा में कैसे जायेंगे?

फैंटम के कदम विनी की ओर लौट गये : मेरे मकान तक रिक्शा पहुँच सकती है पर मैं अपने अकेले के लिये रिक्शा क्या करूँ। अभी घर जाकर ही क्या करना है।

तो इस वर्षा में क्या करेंगे···आपको भींगना नहीं है! आदेश के स्वर में विनी बोली।

आपको पहुँचा कर···फैंटम ने झील के किनारे बैण्ड स्टैण्ड की छतरी की ओर संकेत किया : कहा था न, वहाँ बैठ जाऊँगा। घर में इस समय अकेले बहुत बुरा लगेगा। आपसे सहारा पाकर सैली की स्मृति और भी जाग उठी है। अब घर का सूनापन बहुत खटकेगा। प्लीज, मैं आपके मकान तक साथ चलूँगा। मेरे भीगने की परवाह न कीजिये। कुछ मिनट और आपका साथ हो जायेगा।

विनी ने फैंटम की आस्तीन पर उँगलियों को कस कर कहा : वर्षा में भीगना ठीक नहीं।···फिर कुछ सोच कर बोली : देखा जायगा, देर तो हो ही गयी है। रिक्शा बुला लीजिये। मैं आपको आपके मकान तक छोड़ आती हूँ। लौटते समय आपकी छतरी ले लूँगी।

फैंटम विनी की ओर बन गया : ओह, आपका हृदय कितना विशाल है। आप ममता और कृपा की देवी हैं। उसने विनी को कंधों से समेट लेने के लिये उठती बाँह को रोक लिया।

फैंटम ने विनी को छतरी तान कर रिक्शे में बैठा दिया। विनी उसके लिये स्थान छोड़ कर बैठी। फैंटम विनी को अधिक स्थान देने के लिये कोने में सिमटने लगा। विनी ने उसकी बाँह पर जोर देकर कहा : आराम से बैठिये, कोने में पानी आ जाता है। फैंटम ने विनी की कृपापूर्ण चिन्ता के लिए स्नेह से धन्यवाद दिया।

रिक्शा चलते ही फैंटम ने कहा : इस समय सब कुछ बदला हुआ लगता है। मैं रिक्शा पर बैठता ही कब हूँ। आज दूसरी बार बैठ रहा हूँ।

विनी ने स्वीकार किया : रिक्शा में लद कर चलना मुझे खुद अच्छा नहीं लगता। हम लोग यहाँ आते थे तो रिक्शा कभी मजबूरी में ही लेते थे। रोमी मुझे सड़कों पर खूब घुमाता था। वह भागता-सा चलता था। मैं पीछे रहने लगती तो बाँह से पकड़ कर घसीटने लगता! मैं आगे-पीछे सूना देखती तो उसे चिढ़ाने के लिये सड़क पर बैठ जाती। वह मुझे उठाने के लिये गुदगुदी करता, चिकोटियाँ काटने लगता। मैं झूठ-मूठ कहने लगती—मुझसे नहीं चला जाता, उठा कर ले चलो।…विनी की आँखें छलक आयीं।

फैंटम ने उसके कंधे पर हाथ रख कर मौन सांत्वना दी और उत्सुकता से उसकी ओर देखने लगा।

विनी कहती गयी : रोमी के रोम-रोम में स्फूर्ति और उल्लास भरा रहता था। हँसी से थिरकता रहता था। जो मुँह में आता कह डालता, परवाह नहीं करता था कि कौन सुन रहा है। लड़की जवान हो गयी थी, उसके सामने भी मजाक नहीं रोक पाता था। रीमा बेचारी झेंप जाती। सुबह मुँह-अँधेरे दूध वाला सड़क से सीटी देता तो मुझे पुकार लेता—वीनस जाओ, तुम्हारा बायफ्रेंड ह्विसल कर रहा है। एक दिन बेटी के सामने ही कह दिया। रीमा ने झेंप कर डाँट दिया—डैडी, यू आर लिमिट (आप तो हद कर देते हैं)!

उसने बेटी को जवाब दिया—यू चिप आफ द ब्यूटी ब्लाक (अरी हुस्न के कुंदे की छीप)! पंसेरी भर की छोकरी, जवानी का गुमान हो गया है! तू अपनी मम्मी को समझती क्या है…क्या उसके चाहने वाले नहीं हैं? अब भी उसके पीछे आशियों की भीड़ चलती है। मैं कोस-कोस भर नजर रखता हूँ। किसी को फटकने नहीं देता।

फैंटम का हाथ विनी के कंधे पर सराहना में दब गया। संतोष का गहरा श्वास लेकर बोला : हाँ-हाँ समझता हूँ। यही तो प्रेम का उन्मुक्त उल्लास और विश्वास होता है। उसने दूसरे हाथ में पकड़ी छतरी को रिक्शा के पायदान पर टिकोरा : यही तो प्रेम के उद्गार है, यही तो प्रेम के बोल हैं। अतल गहरे प्रेम के विश्वास का गर्व…।

विनी की गर्दन ऊँची हो गयी और गर्व से फैंटम की ओर देखा। बोली : मैं डाँटती रहती थी कि वक्त-बेवक्त देखा तो करो पर वह रह

ही नहीं सकता था। ऐसे पागल रहता जैसे अभी मिली हूँ। लोग कहते थे नाना-नानी बनने को हैं और अब भी इनकी कोर्टशिप जारी हैं···।

सभी के सामने लाड़-प्यार करने लगता। लोग कनखियों से मुस्करा देते। मैं सोचती···ये क्यों जलते हैं!

फैंटम का उदास चेहरा खिल गया। स्वर वत्सलता से गद्गद हो गया। विनी के सिर पर पुचकार दिया : ओह डियर!

विनी जैसे स्वप्न में खो गयी थी, चुप नहीं हुई : देखने में बहुत बेपरवाह लगता था पर दिल का इतना नरम···बेल की नयी उठती लाल कोपल की तरह···दूसरे के दु:ख के स्पर्श से कुड़क जाये। उदास हो जाता तो बच्चों की तरह बिलख उठता। हमारा बनी बिलकुल बाप पर था। लड़के को भी जाड़े, वर्षा, लू की कोई फिकर नहीं थी। अड़तीस के साल में लड़के को लू लग गयी, एकदम तेज बुखार। जब तक डाक्टर पहुँचा, बुखार एक सौ सात डिग्री और शाम तक स्वर्ग से पुकार आ गयी। कफन में रखने लगे तो रोमी उसे छोड़ता ही नहीं था। प्रलाप करता रहा···जिन्दा है, जिन्दा। बच्चे को उसके हाथों से ले लेना मुश्किल हो गया। इस आघात से उसे ज्वर हो गया। लड़की ने और मैंने बड़े यत्न से उसे संभाला। हम लोग उसे पल भर नहीं छोड़ सकते थे, कहीं उछल कर दौड़ न पड़े।

फैंटम ने समवेदना से कहा : माँ-बाप के सामने से बच्चों को बुला लेना भाग्य की कितनी बड़ी क्रूरता है परन्तु ईश्वर की इच्छा के प्रति आपत्ति करने से हो भी क्या सकता है!

अयारपाटा रोड से रिक्शा को फैंटम के बताये कच्चे रास्ते से मोड़ते समय कुलियों ने आपत्ति की : साहब, इधर का रास्ता टूट गया है।

फैंटम ने झाँक कर देखा—सड़क के दो पत्थर निकल गये थे। रिक्शा के पहिये कच्चे रास्ते पर नहीं उतर सकते थे। फैंटम ने विनी की ओर नजर घुमा कर संकोच से कहा : यह क्या हो गया, यह पत्थर तो दोपहर की वर्षा से ही उखड़े हैं।

विनी गहरी साँस लेकर बोली : मैं यहीं से लौट जाऊँ···आपका मकान कितनी दूर है?

फैंटम ने हाथ के संकेत से बताया : बस, यही बीस कदम, इसी बंगले की आड़ में ही है। पाँच-दस मिनट के लिये आइये न! आपकी बात भी पूरी नहीं हुई।

विनी ने झिझक कर कहा : फिर रिक्शा⋯।

उधर पचास कदम पर कचहरी के मोड़ पर हर समय मिल सकती है। जब कहेंगी, ला दूँगा। फैंटम ने छतरी खोल कर विनी को उतार लिया और सड़क के ढीले पत्थरों पर बाँह का सहारा देकर सावधानी से विनी को मकान तक ले गया।

फैंटम के मकान का दरवाजा भीतर से बन्द था। खटका सुन कर आया सिवतिया ने दरवाजा खोला। आया अपने साहब के साथ भद्र महिला को देख कुछ विस्मित हुई। कमरे में झील की ओर खुलने वाली खिड़की के पास खाली पलंग था। कमरे में अंधेरा था। आया ने लपक कर खिड़की खोल दी। कमरे में दीवार के साथ मामूली-सी दो कुर्सियाँ थीं। फैंटम ने जेब से रूमाल निकाल तत्परता से एक कुर्सी झाड़ कर उठा ली।

विनी ने घर में एक स्त्री को देख कर सुविधा अनुभव की। पूछ लिया : यही कमरा है?

फैंटम ने कहा : नहीं, अन्दर और भी है।

कमरा देखने के बहाने विनी अन्दर चली गयी और आया को संकेत से बुला कर पूछा : बाथरूम कहाँ है? मैं जरा हाथ-मुँह धोऊँगी।

आया ने आलमारी में से नया तौलिया निकाल कर दे दिया।

कमरा साफ नहीं है। हम लोग बरामदे में ही बैठे? विनी के भीतर से आने पर फैंटम ने पूछ लिया।

विनी को कमरा उपेक्षित-सा लगा। सब चीज बहुत दिनों से बिना छुई, जहाँ की तहाँ पड़ी लग रही थी। विनी को कमरे और बरामदे में अन्तर न लगा, कह दिया : जहाँ कहिये बैठें। झील की ओर देख कर बोली : ओह, पूरी झील कोहरे से ढँक गयी है। कोहरा न रहने पर कितनी अच्छी लगती होगी।

फैंटम ने कुर्सी बरामदे में रख कर कहा : बैठिये तब तक सिवतिया दूसरी कुर्सी का आँचल से झाड़ कर उठा लायी।

विनी ने एक बार और प्रशंसा की : धूप के समय यहाँ से दृश्य बहुत अच्छा दिखाई देता होगा। अवसाद में अच्छा दृश्य भी मन पर बोझ बन जाता है।

फैंटम ने स्वीकार किया : अब जैसा भी लगे, इससे निकल भागना तो सम्भव नहीं है।

फैंटम कुर्सी पर बैठते-बैठते फिर उठ खड़ा हुआ : आपको यहाँ हवा में सर्दी तो नहीं मालूम हो रही है? आपके लिये शाल निकाल दूँ?

विनी ने फैंटम की ओर देख बैठने का संकेत किया : नहीं, अधिक देर नहीं बैठूँगी। होस्ट परेशान हो रहे होंगे।

फैंटम ने अनुरोध किया : तो क्या हुआ, कुछ देर यहाँ ठंडी हवा में बैठें।

विनी ने फैंटम को बैठ जाने का फिर संकेत किया : कोटी पहने हूँ। और सहानुभूति में बोली : अकेले होने पर तो यहाँ निश्चय ही स्मृतियाँ पीछे दौड़ती होंगी।

फैंटम ने स्वीकार किया : इस बन्धनों ने ही मुझे यहाँ से हिलने नहीं दिया। लोग मुझे आगरा लौट जाने के लिये कहते हैं। यही बात मैं आप को फिर बताऊँगा। पहले आप की बात सुन लूँ।

हाँ! मैं बता रही थी···विनी ने स्वीकार किया : रोमी को इतना सदमा पहुँचा कि वह बीमार हो गया। सन्निपात-सा हो जाता था। मैं और लड़की उसे पल भर को नहीं छोड़ सकते थे।

मैं सुपरिण्टेंडेंट से मिली और उसे छुट्टी दिलवा दी। उसे बिलकुल नयी जगह मसूरी ले गयी।

फैंटम ने समवेदना में साँस ली : बच्चों का छिन जाना···भाग्य के विधान को कौन समझ सकता है।

विनी ने कहा : अपने ही बच्चों के लिये थोड़े···हमारा रसोइया···।

सिवतिया ने मालकिन के स्वर्गवास के बाद महीनों में पहली बार अपने यहाँ अतिथि देखा था। मालकिन की मृत्यु के बाद सदा उदास रहने वाले साहब के चेहरे और व्यवहार में अतिथि के लिये उत्साह देख कर सिवतिया के मन में अतिथि के प्रति स्वागत उमड़ पड़ा। रसोई से आकर वह फैंटम के कान के पास झुक गयी।

विनी ने सुन लिया, बोल पड़ी : न···न चाय नहीं, अभी दो बार तो पी कर आये हैं।

फैंटम को आया का सुझाव बहुत उचित लगा था। उसने आतुर आग्रह से कहा : तो फिर कुछ और···। और मुँह से निकल गया : और कुछ तो घर में होगा नहीं।

आया से रहस्य से फुसफुसा कर कह दिया : सब हो जायेगा।

फैंटम ने विनी की ओर देखा और उत्साह से बोल उठा : कह रही है, सब हो जायेगा।

विनी ने स्नेह से विरोध किया : नहीं, मुझे कुछ नहीं चाहिये, मुझे जल्दी जाना भी तो है।···परन्तु आया लपक कर भीतर चली गयी थी।

फैंटम ने याद दिलाया : आप अपने रसोइये की बात कह रही थीं।

विनी कुछ पल चुप रह कर बोली : हाँ···हमारा रसोइया शकूर बड़ा लापरवाह था। रोमी अपने किसी दोस्त से आधा गैलन पेट्रोल माँग लाया था कि गर्म कपड़े घर में साफ कर लेंगे। टीन लौटा देना था। शकूर से कह दिया—पेट्रोल बोतलों से भर लो। सावधान कर दिया—आग के पास मत ले जाना लेकिन उस कमबख्त के मुँह से बीड़ी छूटती ही नहीं थी। बीड़ी पीते-पीते टीन से पेट्रोल बोतलों में डालने लगा। पेट्रोल में आग लग गयी। बोतल फट गयी। जलता हुआ पेट्रोल उसके कपड़ों पर पड़ गया। माली और आया ने देख लिया। वे चिल्लाये और पानी लेकर उसके ऊपर डालने लगे। रोमी पीछे के गुसलखाने में नहा रहा था। चांस की बात, खिड़की खुली थी। उसने देखा तो चिल्ला कर पानी डालने से रोका। कमर पर तौलिया लपेट कर दौड़ पड़ा। बेड रूम से दो कम्बल खींच कर ले गया। उस पर कम्बल डाल कर अपने शरीर से दबा दिया।

शकूर के पूरे शरीर पर जगह-जगह से चमड़ी जल गयी थी। रोमी ने जैसे-तैसे कमीज-निकर पहनी। साइकिल पर असिस्टेंट मैनेजर के बँगले पर गया। वहाँ से फोन करके एम्बुलेंस बुलाया और उसे खुद हस्पताल लेकर गया। हस्पतालों का हाल तो जानते ही हैं, इंजेक्शन नहीं, ये नहीं, वह नहीं। सब अपने खर्च से दिलाया। रात भर उसके साथ रहा। डेढ़ महीने तक रोज सुबह-शाम उसे देखने जाता रहा। क्लब और पार्टी सब छोड़ कर शकूर को देखने जरूर जाता था। मुझे कह दिया था—खाना बना कर पहुँचा आया करो।

शकूर डेढ़ महीना हस्पताल में रहा। छोटे-छोटे जख्म रह गये थे कि कमबख़्त हस्पताल से भाग आया। हस्पताल में तो उस पर चेक था, यहाँ आया तो नहाने लगा। पीठ पर और पिंडलियों पर जख्मों में पस पड़ गयी। जख्म फिर बढ़ गये। कमबख़्त हस्पताल जाते डरता था। आप जानते हैं, कम्पाउंडर लोग कैसा व्यवहार करते हैं। रोमी अपने हाथों से जख्मों को साफ करता, दबाई लगाता। महीने भर और मुसीबत रही।

इसके सेक्शन में किसी को छुट्टी लेनी हो, जहाँ दो आँसू ढलकाये, रोमी इनकार नहीं कर सकता था। वर्कशाप के कारीगर-मजदूर उसे बहुत मानते थे।

फैंटम ने समर्थ किया : सहृदयता तो स्वभाव होता है। उसे मनुष्य कर्त्तव्य समझ कर नहीं निबाह सकता। वह तो मन में उमड़ती है।

विनी झील की ओर देख कर कहती गयी : स्मृति भी अजीब अनुभूति होती है। कभी एक तरह दिल को छू देती है कभी दूसरी तरह। सुबह हुई तो झील पर नजर डालने को मन नहीं होता था। इस झील ने ही उसे छीन लिया। फिर ख्याल आया, झील उसे बड़ी प्यारी लगती थी। इस झील ही के लिये तो वह दूसरे स्थान छोड़ कर नैनीताल आता था। कितनी ही बार मुझे लाकर झील के किनारे बैठा देता था। लखनऊ से हमारे परिचित लोग प्रायः मसूरी जाते थे। मसूरी के स्कूल में उसका कजिन टीचर है। वह बुलाता रहता था लेकिन रोमी झील के लिये नैनीताल ही आता था। मैं झील से आँखें बचाये थी। लायब्रेरी तक आते-जाते दूसरा ही ख्याल आ गया—झील उसे प्यारी लगती थी, आत्मा इसी में तो नहीं! मन में आया, यहीं बैठ जाऊँ। उसे ही देखती रहूँ, रोती रहूँ, पुकारती रहूँ—लौट आ, लौट आ···।

फैंटम ने विनी की कोहनी छूकर कह दिया : धैर्य रखिये।

विनी ने सांत्वना पाकर उच्छ्वास लिया : इन दस महीनों का एक-एक दिन कैसे कटा है परन्तु उसके साथ उन्नीस साल पता भी नहीं चले। मैंने रोमी से पृथक् अपने अस्तित्व को कभी अनुभव नहीं किया था। वह चार दिन के टूर पर चला जाता, उतने में ही मैं तड़प उठती थी। बताइये, लोग कैसे समझे कि मेरे लिये दुनिया क्या हो गयी है?

बरामदे की छत पर वर्षा की आहट सहसा बढ़ गयी। ···हाय, तो और जोर से बरसने लगा। चली जाती तो ठीक रहता।

फैंटम ने भीतर रसोई से प्लेट में काँटे से कुछ फेंटे जाने की आहट की ओर संकेत किया : सिवतिया कुछ बना रही है। चिन्ता न कीजिये, जब आप चाहेंगी मैं रिक्शा बूला दूँगा।

विनी फिर बोली : मैं यहाँ से लखनऊ लौटी तो रेलवे का बँगला छोड़ना ही था परन्तु मैंने स्वयं ही छोड़ कर लाल बाग में जगह ले ली। समझ लिया, जिन्दा ही कफन में लेट रही हूँ। सम्बन्धियों ने मेरे लिये रेडक्रास में काम ढूँढ़ लिया। लोग जैसे कहते गये, मैं करती गयी। मैं जानती हूँ सेक्रेटरी मेरे काम से सन्तुष्ट नहीं है। मैं कोशिश तो करती हूँ पर क्या करूँ? मुझे हाथ-पैर में सत्व और मन में इच्छा ही नहीं अनुभव होती···हो भी किस बात से? जीने की इच्छा हो तो सब कुछ होता है। आदमी क्या ड्यूटी समझ कर भी जी सकता है···!

विनी की बात को सुलझाने के लिये फैंटम ने टोका : ड्यूटी तो जी सकने के लिये की जाती है। जी सकने के अवसर और साधनों के लिये कठिन ड्यूटी निबाही जा सकती है और शिकायत नहीं होती।

विनी ने हामी भरी : हाँ-हाँ, आपसे इतनी देर से बात कर रही हूँ। मैं भी तो आप ही से बात कर सकी हूँ। आप सुन रहे हैं, मैं क्या गलत कर रही हूँ, लेकिन दूसरे लोग कहते हैं--मैं किसी की सहती नहीं हूँ, किसी से बोलती नहीं हूँ। दूसरों का तो क्या मेरी अपनी बेटी तक यही कहती है। रीमा तीन महीने मेरे साथ लखनऊ रही। नयी और तंग जगह में बच्चे के साथ उसे बहुत परेशानी होती थी। यह सब मुझे अच्छा नहीं लगता था। एक दिन मैं कह बैठी—तू मुझे टोकती रहती है, खुद परेशान होती है, बच्चे को परेशान करती है; इसकी क्या जरूरत है परन्तु वह मुझे नहीं छोड़ना चाहती थी। अक्टूबर में वह अपने पति के पास दिल्ली चली गयी। लखनऊ से उसे जाने किसी ने मेरे लिये क्या लिख दिया फिर बच्चे को लेकर मेरे पास लौट आयी।

लोगों ने लड़की को समझाया कि मुझे अकेली न रहने दे। वह अक्सर पास बनी रहती, कोई न कोई बात करती रहना चाहती। असल में लड़की बहुत सहृदय है, मेरे लिये ही क्या औरों के लिये सब कुछ करने को तैयार···।

फैंटम ने टोक दिया : अवश्य-अवश्य। होना ही चाहिये। अधिकांश में तो संतान माँ-बाप के अनुरूप ही होती है।

विनी बोलती ही गयी : मेरा ध्यान बँटाने के लिये वह बच्चा मेरी गोद में दे देती। सोचती थी, बच्चा मुझे बहला लेगा। कहते शर्म आती है परन्तु आपसे क्या छिपाऊँ, मुझे अपनी ही बेटी का बेटा अच्छा नहीं लगता था। उसे गोद में लेकर उसकी ओर ही ध्यान देना पड़ता था।

फैंटम ने विश्वास दिलाया : मैं खूब समझता हूँ।

विनी उत्साह पाकर कहती गयी : आप जानते हैं, इतने छोटे बच्चे को सँभालना कोई आसान थोड़ी ही होता है। बच्चा इतना नाजुक होता है कि पूरा ध्यान दिये बिना उसे सँभाला नहीं जा सकता।

बच्चा मुझसे हिला भी नहीं था। मेरी गोद में आते ही रो पड़ता। मनहूस और उदास चेहरा देख कर बच्चा घबरा जाता परन्तु मैं क्या कर सकती थी? रोता तो मुझे अच्छा न लगता। उसका रोना असह्य हो जाता। बताइये, अपनी बेटी के बेटे का रोना बुरा लगना चाहिये! मुझे अपने पर क्रोध आता परन्तु मैं अपने वश में नहीं थी। मन में आता, बच्चा मेरी उदासी से चिढ़ता होगा। सोचती—मैं उदास हूँ इसे क्यों लूँ, इसकी माँ इसे अपने पास रखे। मैं अपने ख्याल में चुप रहना चाहती तो रीमा टोक देती—मम्मी, क्या सोचती रहती हो? क्यों घुलती रहती हो?…मैं मानती हूँ, उसे मेरी चिन्ता थी, वह स्नेह से कहती थी परन्तु मैं अपने आपको ही नहीं सँभाल पाती थी तो उसकी बात क्या सुनती! मैं रीमा पर झुँझला उठती—तुम मुझे परेशान क्यों करती हो? तुम्हें जो चाहिये, कह दिया करो लेकिन मैं बेबस हूँ। तुम ही बताओ, अपने जिम को छोड़ कर किसी दूसरे में डूब सकती हो! तुमने मुझे पहले नहीं देखा…तब किसी को क्या जरूरत थी मुझे बहलाने, सहारा देने की! तुम लोगों के बहलाने, सहारा देने से मुझे क्या मिल जायेगा, मेरा जो छिन गया है, क्या वापस मिल जायेगा। चुप रह कर अपने भीतर सब कुछ सहा। तुम लोग उसे भी नहीं सह सकते पर ऐसे भी नहीं चल सकता।…खुद ही देखा, मैं लोगों के लिये मुसीबत बन गयी हूँ।

फैंटम ने निश्वास ले समर्थन किया : ठीक कह रही हैं, ठीक कह रही हैं।…जिन्दगी किसी न किसी के सहारे होती है! उस सहारे को अपनाये रखना ही हमारी दृष्टि में जीवन का प्रयोजन होता है। जी सकने के लिये वह सहारा या प्रयोजन आवश्यक होता है। इतना आवश्यक लगता है कि उसके बिना हम जी नहीं सकते। जीवन का वह सहारा

और प्रयोजन हम में, हमारे हृदय में श्वास की तरह समाया रहता है और वही हमें जीवित रखता है। वह प्रयोजन हमारे जीवन का अभ्यास, आदत अथवा गुण बन जाता है। जीवन के उसी प्रयोजन को हम प्यार कहते हैं। मैं तो कहता हूँ, प्यार ही जीवन को संसार से बाँधे है। जीवन का वह सहारा और प्यार छिन जाने पर जीवन का सत्य निकल जाता है।

फैंटम मन की गहरी बात कह सकने के लिये अपनी दृष्टि वर्षा की ओर लगाये था। उसके शब्द विनी के हृदय को पकड़ते जा रहे थे। फैंटम के विचार में डूबे चेहरे पर विनी की आँखें एकटक लगी हुई थीं। फैंटम की बातें उसे अनुभव सत्य लग रही थीं···मानो फैंटम के शब्द स्वयं उसके हृदय को निकाल कर उसकी आँखों के सामने रखते जा रहे थे।

फैंटम ने घूम कर विनी की आँखों में देख लिया : माई डियर। ···उसका स्वर आर्द्र हो गया : जीवन से सत्व निकल जाने पर वह लड़खड़ायेगा कैसे नहीं। लड़खड़ाता हुआ जीवन अपने सत्व और सहारे को मांगेगा, पुकारेगा कैसे नहीं। जी सकने की इच्छा का अर्थ ही उस सहारे, प्रयोजन और प्यार के अभाव को अनुभव करते रहना हो जायेगा। अभ्यास, आदत और प्यार पूरा होता रहता है तो हम संतोष में डूबे रहते हैं, उसकी ओर ध्यान नहीं जाता।

विनी ने अनुमोदन में सिर हिलाया : हाँ-हाँ बिलकुल सही कहते हैं।

फैंटम ने विनी की ओर झुक कर अपनी बात समझा देने के लिये उसकी कोहनी को छू लिया : सुनिये, मनुष्य श्वासों से जीता है और यह ध्यान रखने की आवश्यकता नहीं समझता कि श्वास आ रहा है या नहीं परन्तु यदि श्वास रुक जाये तो कितनी व्याकुलता अनुभव होती है! ऐसे ही जब जीवन के प्रयोजन या अभ्यास अथवा आदत का श्वास रुक जाता है, जीवन लड़खड़ा कर बैठ जाता है।

बिलकुल ठीक है। विनी ने गहरे श्वास से समर्थन किया।

फैंटम कहता गया : हमारे जीवन या अस्तित्व की आदतें, अभ्यास और आवश्यकतायें वैसी ही बनी रहें तो उनके अभाव को अनुभूति कैसे न हो। प्यार करने का यह अभ्यास इतने समय तक जीवन का प्रयोजन बना रहने के कारण प्राणों में इतना रच गया है कि उसे छोड़ा नहीं जा

सकता। उसे छोड़ने का प्रयत्न अपने आप को मिटा देने का प्रयत्न जान पड़ता है। मैं उसे नहीं छोड़ सकता। श्वास-श्वास में, रोम-रोम में प्रतिक्षण अनुभव करता है। मेरा हृदय उसके लिये चीत्कार करता रहता है।···क्षमा कीजिये, मैं फिर बहक गया, मैं आपको बहुत उदास कर रहा हूँ।

छत पर वर्षा की आहट फिर बढ़ गई थी। विनी ने गूँज के कारण जरा ऊँचे स्वर में कहा : नहीं-नहीं, बहक नहीं; आप बिलकुल ठीक कह रहे हैं। बिलकुल ऐसी बात है। असम्भव है···असम्भव है, किसी तरह नहीं भुलाया जा सकता। सब लोग आग्रह करने लगे, मैं निष्क्रिय अकेली न बैठूँ, कुछ काम करूँ। मेरा ध्यान किसी बात में लग जाय। फादर अब्राहम ने मुझे रेडक्रास में काम दिला दिया। सेक्रेटरी ने मुझे स्टोर का काम दे दिया। अपनी तरफ से तो बहुत यत्न करती हूँ पर क्या करूँ, मुझे याद ही नहीं रहता कि कहाँ क्या रखा था, किसने क्या कहा था? अपना ही लिखा समझ नहीं आता। सेक्रेटरी असंतुष्ट रहता है। अपने आप से खिन्न हो जाती हूँ, सोचती हूँ, मर क्यों नहीं जाती!

विनी ने फैंटम की दृष्टि से संकोच अनुभव किया पर गर्दन घुमा कर कहती गयी : सेक्रेटरी कहते हैं, फादर अब्राहम कहते हैं, मुझे ईश्वर की इच्छा मान कर मन को संयम में रखना चाहिये, ड्यूटी निबाहनी चाहिये···। विनी ने आँखें झुका लीं।

फैंटम ने समर्थन किया : समझ रहा हूँ, मैं समझ रहा हूँ।

विनी ने समर्थन पाकर फैंटम की ओर देखा : सच कहूँ, मुझसे यत्न होता ही नहीं। जीने की ही इच्छा नहीं है तो यत्न कैसे हो। मन में कुछ सहारा हो, जैसे आप कहते हैं सत्व हो, तो इच्छा और यत्न भी हो सके। फादर अब्राहम कहते हैं—संतोष करो। मैं कहती हूँ, मैं तो संतुष्ट ही थी। मेरे संतोष का सहारा मिट गया तो कैसे संतोष करूँ! मैं तो संतोष ही चाहती हूँ···।

फैंटम ने सहमति प्रकट कर दी : आप ठीक कहती हैं। संतोष तो किसी वस्तु अथवा आधार से होता है, न कर पाने पर संतोष कैसा! अभाव और संतोष परस्पर विरोधी बातें हैं। अभाव में संतोष का अर्थ निराशा से झुक जाना है। ड्यूटी के बारे में मैंने पहले भी कहा था, ड्यूटी तो जी सकने के लिये की जाती है। ड्यूटी करके जीवन के अवसर और

साधनों का मूल्य अदा किया जाता है। जी सकने के अवसर और साधनों के लिये कठिन ड्यूटी भी निबाही जा सकती है और कोई शिकायत नहीं करता क्योंकि उसमें उत्साह का सहारा होता है। मैं अब भी कठिन ड्यूटी निबाहने को तैयार हूँ, मुझे वह सहारा या मूल्य मिले जो शैली के रूप में था। मैं आपकी स्थिति समझ रहा हूँ, मेरी और क्या समस्या है! मैं आगरा कैसे चला जाऊँ! यह बात इसीलिये आपको बताना चाहता हूँ।

विनी ने घड़ी पर नजर डाल कर आँखें बरसते आकाश की ओर उठायीं : ओह, सवा छः होने को हैं। वर्षा रुक ही नहीं रही। होस्ट चिन्ता के मारे मरे जा रहे होंगे। मैं क्या करूँ?

फैंटम ने विश्वास दिलाया : आप जब कहेंगी, उसी क्षण रिक्शा ला दूँगा।

सिवतिया ने आकर फैंटम के कान के समीप झुक कर कहा : तिपायी यहीं ले आऊँ?

मैं ले आता हूँ। कह कर फैंटम उठ खड़ा हुआ और विनी की ओर देख कर बोला : यहीं ठीक रहेगा, अन्दर साफ नहीं है। उसने स्विच दबा दिया। बरामदे में प्रकाश हो गया।

फैंटम भीतर से छोटी मेज उठा लाया। सिवतिया ने उस पर सफेद मेजपोश बिछा दिया।

सिवतिया का घर बीस कदम पर स्कूल के क्वार्टरों में था। मेहमान को आया देख कर फुर्ती से स्कूल की किचन से अण्डे, डबलरोटी और मक्खन उधार माँग लायी थी। उसका लड़का खानसामा था। विलायती खाना बनाने में वह बहुत दक्ष था। दो प्लेटों में बड़े-बड़े आमलेट और मक्खन चुपड़े टोस्ट ले आयी।

विनी ने इतना खाना सामने देख कर प्रशंसा के गहरे श्वास से सिवतिया की ओर देखा : हाय, इतना सब खा लूँगी तो होस्ट के यहाँ क्या खाऊँगी!

फैंटम ने भी सिवतिया की श्लाघा में कह दिया : सिवतिया आदमी पहचान कर चीज़ बनाती है। हमारे लिये तो यह मसूर की खिचड़ी या दाल-चपाती बना देती है।

सिवातिया गद्गद हो गयी। साहब बेचारे पाँच महीने बाद मुस्करा कर बोल रहे थे। उनका सब काम 'ठीक है' या 'रहने दो' दो ही

वाक्यों में चल जाता था। उसे याद आ गया, बैंगन रखे हैं, कतलियाँ तल लाये। यह सोच वह अंदर भाग गयी।

फैंटम अपनी बात कहने के लिये इतना उतावला था कि खाते-खाते सुनाने लगा : भाई जब इलाहाबाद लौटने लगा तो मुझे साथ ही ले जाने का आग्रह किया। याद दिलाया, दूसरे सप्ताह के आरम्भ से ही कालेज खुल जायगा। मैं नहीं गया। ख्याल था, जितने दिन अवसर है, सैली के अन्तिम स्थान को न छोड़ूँ, उसकी समाधि पर जा सकूँ। एक ही बात का ध्यान रहता था—सुबह समाधि पर जाना है। समाधि पर जाने का विचार ही सहारा बना रहा⋯।

विनी भी खाना भूल कर भावोन्मेष में डूबे फैंटम के चेहरे पर आँखें लगाये थी : ओह, यू यार सो लविंग (आप कितने स्नेही जीव हैं)!

फैंटम ने गर्दन के संकेत से स्वीकार कर लिया और विनी की आँखों में निस्संकोच देख लिया : एण्ड आई नीड लव (और स्नेह चाहता हूँ) आई काण्ट लिव विदआउट इट (उसके बिना जी नहीं सकता)।

विनी के शरीर में सिहरन कौंध गयी। उसने दृष्टि फिरा ली और आँचल खींच कर अपने को बाँध-सा लिया।

फैंटम ने उसे सहारा दिया : आप खा नहीं रहीं। क्या ठीक नहीं बना?

विनी ने स्नेह की अनुभूति से उत्साहित होकर उत्तर दिया : खा तो रही हूँ, बहुत ही अच्छा बना है। आप की आया बहुत एक्सपर्ट है।

फैंटम ने फिर अपनी बात आरम्भ कर दी : हाँ, भाई के चले जाने के बाद स्वयं ही खटकने लगा कि सैली का अन्तिम स्थान और समाधि का सामीप्य छोड़ कर आगरा जाना पड़ेगा। सर्विस और ड्यूटी के विचार से मुझे आगरा चले जाना चाहिये था। यह ठीक है कि कालेज में सर्विस मैंने सैली को पाने से पहले ही शुरू की थी परन्तु जैसे उससे पहले के चौबीस वर्ष जीवन की तैयारी का समय था, वैसे ही कालेज की नौकरी कर लेना भी सैली को पाने की तैयारी थी। हाँ, कालेज के काम को स्वतः भी एक काम कहा जा सकता है परन्तु उसका आर्थिक या पार्थिव पक्ष तो सैली के लिये ही हो गया था। वह पर्याप्त न होने पर मैं उत्साह से और भी अधिक श्रम करता था। अब तो कालेज का काम मैं तब निबाह सकता हूँ जब उस काम को ही प्यार करने लगूँ या अपने आपको उसी

में समाहित कर सकूँ, जैसे संत लोग ईश्वर के प्यार में समाहित हो जाते हैं।

विनी ने अनुमोदन किया : ऐसी बातों को तो संत ही समझ सकते हैं। सम्भव है वे आरम्भ से भगवान में लौ लगा लेते हों, प्रेम से बड़ी चीज भगवान को पा लेने की महत्वाकांक्षा को जीवन का सहारा बना लेते हों।···वह उलझन प्रकट करने के लिए हाथ हिला कर स्वगत बोल उठी : या वे दूसरे ही लोक, दूसरे स्तर की आत्मायें होती होंगी।

फैंटम बोला : सुनिये, उस क्षेत्र में, अध्यात्म में मेरी गति नहीं है। मैं तो पार्थिव जीवन और अपने अनुभव की बात कह रहा हूँ। मुझ अब ड्यूटी और सर्विस से क्या प्रयोजन!

वह सब कुछ तो सैली को ध्यान में रखकर करता था। मनुष्य होने के नाते भी ड्यूटी निबाहने का विचार हो सकता है परन्तु ऐसी मानसिक स्थति में ड्यूटी को निबाह कैसे सकता हूँ! केवल वेतन लेने के लिये हाजरी देने चला जाऊँ तो वह क्या ड्यूटी निबाहना होगा? यह भी सच है कि मैं सैली का स्थान और उसकी समाधि का सामीप्य नहीं छोड़ देना चाहता। यह उसका अंतिम स्थान था, यहीं से उसे समाधि में रख आया था।···अगर आप मेरी मूर्खता से खिन्न न हों तो कह दूँ···?

विनी ने आवश्वासन दिया : नहीं-नहीं, अवश्य कहिये।

फैंटम ने आभार से कहा : आप बहुत सहृदय हैं, इसीलिये आपके सामने मन उमड़ आया है। मैं कभी-कभी पागल हो जाने की कल्पना करने लगता हूँ। कल्पना करता हूँ कि मैं पागल हो गया हूँ। पागलपन में उसकी प्रतीक्षा कर रहा हूँ···वह है, जहाँ दिखायी देगी पकड़ लूँगा···।

विनी का शरीर झनझना गया। अदृश्य स्पर्श से सिकुड़ जाने के लिये फिर कंधे पर आँचल खींच कर सिमिट गयी।

बरामदे में प्रकाश हो जाने से सामने के वृक्षों पर अंधेरा घना जान पड़ने लगा था। फैंटम अंधकारमय शून्य में दृष्टि लगाये बोलता गया : पागल हो जाने की कल्पना कर यह विश्वास बनाये रखना चाहता हूँ कि वह आयेगी। वह जानती है कि मैं उसके बिना नहीं रह सकता। वह ईश्वर के बुलाने की अवज्ञा नहीं कर सकती थी इसलिये उसे जाना पड़ा। मेरे बुलाने पर अवज्ञा क्यों करेगी!···मृत्युदूतों से कहेगी, फैंटी मेरे बिना

नहीं रह सकता, मुझे जाने दो। फरिश्ते उसकी सच्चाई में इनकार नहीं कर सकेंगे और वह लौट आयेगी।

फैंटम ने अपने चेहरे पर टिकी विनी की आँखों में देख लिया : आपने वह हिन्दू पौराणिक कथा—सावित्री-सत्यवान की कथा अवश्य पढ़ी होगी?

विनी ने गर्दन के संकेत से स्वीकार किया।

फैंटम विनी को आँखें गड़ाये कहता गया : मैं मन को विश्वास दिलाता रहता हूँ···हिन्दुओं के पुराणों की सावित्री-सत्यवान की कथा सत्य है। और यदि वह सत्य है तो वह मानव-मात्र के लिये भी सत्य है। ईश्वर और प्रकृति के नियम तो मानव-मात्र के लिये एक ही होने चाहिये···।

विनी फैंटम की आँखों में देखती रही। उसके मस्तिष्क में घूम गया—यमदूती रोमी को डाँडी में लिये जा रहे हैं और वह उनके पीछे-पीछे दौड़ रही है—इसे मत ले जाओ···मैं नहीं ले जाने दूँगी···मैं नहीं छोड़ूँगी···मैं प्यार के बिना कैसे जी सकूँगी···और वह उनके पीछे चली जा रही है। कल्पना में याद आया···जहाँ देखूँगा, पकड़ लूँगा और कानों ने सुना : खेद है, क्षमा कीजिये, मैंने निरर्थक बातों से आपको बहुत बोर···।

विनी चौंकी और सँभलने के लिये नजर घड़ी पर डाली। फैंटम झिझक गया : खेद है, मैं फिर बहक गया। आप विलम्ब से परेशान हो रही होंगी···।

विनी ने न उठने की इच्छा से घड़ी पर दूसरा हाथ रख लिया : नहीं-नहीं, परेशान नहीं हूँ।

फैंटम ने अपनी कलाई पर लगी घड़ी पर समय देखा तो उसकी भवें चढ़ गयीं : निश्चय ही आप परेशान हो रही होंगी। खेद है, स्वार्थ में आपकी परेशानी को बिलकुल भूल गया।

रिक्शा बुलाने में तो आठ-दस मिनट लग जायेंगे। आप होस्ट के कारण चिन्तित हैं और मैं बहकता जा रहा हूँ।

विनी बोली : नहीं-नहीं, कोई बात नहीं, मैं कुछ देर रुक सकती हूँ। वर्षा कुछ कम हुई है, शायद और कम हो जाये। आप कह रहे थे···!

फैंटम पिघल गया। आपकी सहृदयता के लिये बहुत आभारी हूँ···। मैंने अपनी क्षुब्ध मानसिक अवस्था के कारण त्याग-पत्र भेज दिया। सोच लिया, यदि कभी कुछ कर सकने का सामर्थ्य होगा, तब देखा जायेगा। मेरे लिये तो सौ-सवा सौ भी पर्याप्त होगा।

मैंने कालेज में उन्नीस वर्ष काम किया है। प्रिंसिपल मेरे काम से सन्तुष्ट हैं। मैनेजमेंट और दूसरे लोग भी मेरे प्रति कृपालू हैं। प्रिंसिपल ने मेरा त्याग-पत्र लौटा दिया और नये सत्र के आरम्भ तक छः मास का अवकाश लेने का परामर्श दिया। मैं उन लोगों के प्रति आभारी हूँ, मैंने वैसा ही किया।···अब डेढ़ महीने बाद मुझे आगरा लौट कर कालेज में काम आरम्भ करना चाहिये परन्तु मैं मन और मस्तिष्क से ड्यूटी के लिये शक्ति और उत्साह अनुभव नहीं कर पाता।

फैंटम ने अपने विचारों को सुलझा सकने के लिये बायें कान को मल लिया और बोला : मानता हूँ, मेरा यह व्यवहार तर्क-संगत नहीं समझा जा सकता। जीवन और प्राण रहते मनुष्य को कर्त्तव्य निबाहना चाहिये। मैं निरन्तर सोचता रहता हूँ। आत्मानुकम्पा में अपने सामर्थ्य के बहाने सोच लेता हूँ कि अनुशासन और ड्यूटी जी सकने के अवसर और साधन का मूल्य है, जीने का लक्ष्य या प्रयोजन नहीं है। मैं सहारे या प्रयोजन के लिये जीता था, उस सहारे को बनाये रखने के लिए निष्ठा से ड्यूटी पूरी करता था क्योंकि मुझे आवश्कता थी। अब मेरे लिये वह प्रयोजन नहीं रहा, मैं उसके लिए मूल्य क्यों दूँ?

कभी-कभी यह भी सोचता हूँ कि यदि निरुद्देश्य जीवन में केवल पीड़ा ही रह जाये, जीवन समाज के लिये भी उपयोगी न हो सकता हो तो पीड़ामय जीवन का बोझ समाज पर लादे रहने की अपेक्षा, उसे समाप्त कर देना बिलकुल नैतिक है···।

विनी साहनुभूति में आत्महत्या के आतंक की टीस से सिहर उठी परन्तु गला उमड़ आने से सांत्वना के शब्द न निकल सके।

फैंटम ने दृष्टि फिर बरामदे से बाहर अन्धकार में गिरती वर्षा की ओर कर ली : आप जा रही हैं, एक बात कह दूँ—हिन्दू पौराणिक कथा का यम या भाग्य मेरी सैली को नहीं लौटा रहा तो मैं भी अपनी जिद पर कायम हूँ···उसका पीछा करता रहूँगा, उसकी प्रतीक्षा करता ही रहूँगा। भाग्य से हार नहीं मानूँगा···।

विनी की दृष्टि फैंटम के चेहरे पर लगी थी। भावोद्रेक में उसकी पलकें झुक गयीं। झील के ऊपर अँधियारे बादलों में रोमी का चेहरा दिखाई दे गया। स्फूर्ति और उल्लास से जगमग नहीं, पीले, उदास, मटियाले चन्द्रमा की तरह। केश भी काफी श्वेत हो गये थे। फैंटम ने फिर घड़ी देख ली : क्या बताऊ मैं जाने के लिये आपकी विवशता समझ रहा हूँ। मेरी बात तो पूरी नहीं होगी। रात भर कहता रह सकता हूँ परन्तु आपके सुनने की सीमा है। मैं प्रयत्न कर चुका हूँ कि साधारण व्यवहार कर सकूँ। मेरा एक मित्र इतिहास का अध्यापक है। उसे हिन्दू दर्शन में काफी रुचि है। उसने सहानुभूति में मुझे गीता और कथोपनिषद् के अनुवाद भेज दिये थे। मैंने सोचा था अनासक्ति का दृष्टिकोण समझ लेने पर मैं मानसिक स्थिरता पा सकूँगा।

फैंटम ने फिर कान मलते हुए कहा : मैं समझता हूँ कि अनासक्ति का दृष्टिकोण यदि व्यावहारिक हो सके तो वह व्यक्ति की भावना को समाज और संसार के प्रति निस्संग बना सकता है। अर्थात् व्यक्ति अपनी परिस्थिति और पर्यावरण से लगाव अनुभव किये बिना भी रह सकता है। ऐसे व्यक्ति को सांसारिक उत्तरदायित्व अपने लिये बोझ ही जान पड़ेगा। जीवन में ऐसा दृष्टिकोण और व्यवहार संभव है या नहीं, यह बात विवादास्पद हो सकती है। मैं दार्शनिक नहीं, रसायन का साधारण सा अध्यापक हूँ। मैं अनासक्ति और निस्संग के तटस्थता का अभिप्राय यही समझ सका हूँ कि मनुष्य अपनी इच्छा और वासनाओं को अपने लिये और अपने व्यापक सामाजिक अस्तित्व के लिये घातक न बना ले। हमारे संत भी कहते हैं कि इच्छाओं को समेट कर, जीवन को आत्मिक संतोष और उन्नति के लिये केन्द्रित करना चाहिये।···फैंटम चिन्ता में सिर पर हाथ फेर कर बोला : विश्वास कीजिये, मैने भी कभी अपनी इच्छाओं को उच्छृंखल नहीं होने दिया···।

फैंटम ने फिर विनी की ओर देखा। उसका स्वर कुछ तीव्र हो गया : क्या सैली के लिये मेरा प्रेम स्पृहा और वासना थी? सैली मेरे जीवन के प्रयत्नों को समाहित या उन्हें केन्द्रित कर सकने का अवलम्बन मात्र थी? क्या सैली के लिये मेरा प्रेम और प्रयत्न कर्त्तव्य और अनासक्ति नहीं था? व्यावहारिक दृष्टि से वह केवल भावमय संतोष था। मैं आज भी उसी से संतुष्ट होने को तैयार हूँ। मैं आत्मोन्नति के लिये इच्छाओं को केन्द्रित

और नियंत्रित करने के लिये भी तैयार हूँ परन्तु उसके लिये जीवित रहना और सचेत रहना तो आवश्यक है और उसके लिये मेरे जीवन के अभ्यास के अनुसार सहारे की आवश्यकता है।

फैंटम ने वर्षा की ओर से दृष्टि विनी की ओर की : क्षमा कीजिये, मैं बहक-बहक कर फिर आपको रोके ले रहा हूँ।

फैंटम की निरुद्देश्य आँखें अन्धकार की ओर और ध्यान अपने में डूबा हुआ था। विनी उसके चेहरे की ओर देख रही थी और चले जाने की विवशता की चिन्ता में फैंटम के शब्द सुने बिना उसके स्वर से अर्थ समझ रही थी।···वियोग से निरावलम्ब लड़खड़ाते को सहारा चाहिये। ऐसी लड़खड़ाहट और विह्वलता को उससे अधिक कौन समझ सकता था! फैंटम को सहारा देने के लिये उसकी आँखों में देखे बिना विनी ने उत्तर दिया : मैं आपकी बात समझ रही हूँ। और अनिच्छा से कलाई की ओर संकेत कर दिया।

फैंटम ने अपनी घड़ी की ओर देख लिया : ओह, साढ़े सात! मैं रिक्शा के लिये जाता हूँ। आप कुछ देर ठहर सकतीं तो पूरी बात कहता···पर आप ठहर नहीं सकतीं।

विनी ने उठती आह को दबाया : अभी जाना तो नहीं चाहती पर मजबूर हूँ। आठ-सवा आठ तक भी पहुँच जाऊँ तो गनीमत है।

फैंटम ने हाथ बढ़ा कर दीवार के सहारे खड़ी छतरी उठा ली। उठने के लिये छतरी को मूठ पर बोझ देकर बोला : रिक्शा के लिये जाता हूँ।···मैं कह रहा था, मै चाहता हूँ सामान्य व्यक्ति की तरह मनुष्य के कर्त्तव्य को निबाहूँ पर मुझे भी सामान्य व्यक्ति की तरह खड़े हो सकने का सहारा चाहिये। मेरा वही सहारा छिन गया है।···अच्छा, मुझे पाँच मिनट लगेंगे। फैंटम ने बरामदे से उतरने के लिये छतरी खोलने का उपक्रम करते हुए कहा।

किसी और को नहीं भेज सकते? विनी ने पूछ लिया : आप क्यों भीगें!

फैंटम ने उत्तर दिया : सिवतिया समीप से किसी को बुला तो सकती है परन्तु उसमें आठ-दस मिनट लग जायेंगे। आपको बहुत देर हो जायेगी। देर तो हो ही चुकी है।

विनी विवशता में मौन रह गयी। फैंटम वर्षा में दो कदम आगे बढ़ कर लौट आया : रिक्शा लाऊँ या डाँडी? डाँडी आपको पसन्द नहीं है परन्तु रिक्शा नीचे सड़क पर रुक जायेगी। आपने बताया था, आपको मकान तक वर्षा में सवा सौ कदम पगडण्डी पर चढ़ना होगा। डाँडी आपको मकान पर उतार देगी, भीगेंगी नहीं। सोच लीजिये···।

नहीं-नहीं, डाँडी मुझे पसन्द नहीं। विनी ने इनकार में सिर हिलाया।

फैंटम ने सुझाया । सोच लीजिए, भीगना अच्छा नहीं है, आप बहुत कम कपड़े पहने हैं।

डाँडी मुझे पसन्द नहीं···आपक कहते हैं तो डाँडी ही ले आइये! विनी ने अनिच्छा से कह दिया।

ऐसी वर्षा में डाँडी ही ठीक रहेगी। फैंटम बरामदे से छतरी ले वर्षा में उतर गया।

फैंटम आठ-दस कदम वर्षा में जाकर फिर लौट आया : सुनिये, आपको डाँडी पसन्द नहीं है तो रिक्शा ही ले आता हूँ। मेरा अनुरोध है कि मुझे साथ चलने दीजियेगा। पगडण्डी से मकान तक मैं आपको छतरी में वर्षा से बचा कर पहुँचा दूँगा। इतनी बात मान जाइये। कुछ मिनट का साथ और हो सकता है।

विनी ने पलकें मूँद, उद्वेग का घूँट भर स्वीकार किया : आपको बहुत कष्ट होगा।

फैंटम घूम कर बरामदे से उतर गया।

सुनिये···।

फैंटम विनी का आर्द्र स्वर सुन कर लौट पड़ा। विनी ने चले जाने की तत्परता में हाथों में सम्भाला हुआ पर्स तिपायी पर रख दिया।

फैंटम ने विनी की ओर देखा : आपने कुछ कहा?

आप बहुत अधीर हो रहे हैं, मैं कैसे चली जाऊँ! मेरा जाना क्या इतना आवश्यक है! विनी आवेश में कह गयी : क्या यहाँ से जेनी को सन्देश नहीं भेज सकते?

क्यों नहीं, क्यों नहीं। फैंटम तुरन्त बोला : उसमें क्या कठिनाई हो सकती है; यहाँ पड़ोस से ही किसी को बुला लूँगा।

यहाँ कुली आठ-दस आने में जहाँ कहिये, पत्र या सामान पहुँचा देते हैं। इस समय रुपया-दो-रुपया ले लेंगे।

विनी चिन्ता से मुक्ति का निश्वास लेकर कुर्सी पर शिथिल हो गई : तो क्या करूँगी ऐसी वर्षा में जाकर! सुबह ही चली जाऊँगी।

मैं अभी किसी को बुला लाता हूँ। कुली नहीं मिलेगा तो पत्र मैं पहुँचा दूँगा, आप फिक्र न करें। यह काम सुविधा से हो जायेगा। मुझे आपको अभी बहुत बताना है। फैंटम ने तत्परता प्रकट की।

नहीं-नहीं, आप नहीं जायेंगे इस वर्षा में। किसी को बुलवा लीजिये। विनी ने कुछ झिझक कर पूछा : आपके यहाँ दो कमरे तो हैं?

फैंटम ने समर्थन किया : हाँ-हाँ, यह कमरा तो खाली ही रहता है। सैली का पलंग भी यह पड़ा हुआ है। मैं तो दूसरे कमरे में सोता हूँ।

विनी ने निश्चय प्रकट किया : बस, मैं यहाँ पर रहूँगी। एक कम्बल दे दीजियेगा। क्या करूँगी जाकर, क्या-क्या सफाइयाँ दूँगी···क्यों इतनी देर हो गयी?···कैसे हो गयी? मैं अपने लिये स्वयं जिम्मेदार हूँ। वे लोग केवल औपचारिक बातों से मुझे परेशान करेंगे। यही बात करेंगे जो सुनना नहीं चाहती। वह सब मानसिक मन्त्रणा झेलने से क्या लाभ। कल जाकर बात कर लूँगी। विनी ने पर्स खोल कर कलम निकाल लिया।

फैंटम ने उत्साह से कागज और लिफाफा ढूँढ़ कर विनी के सामने रख दिये और सिवतिया से कह दिया : मेम साहब जरूरी चिट्ठी भेजेंगी। पड़ोस से किसी कुली को बुला दो। मजदूरी के लिये झिकझिक मत करना।

विनी ने पत्र लिख कर लिफाफा में डाल पता लिख दिया और फैंटम को पामर के मकान की स्थिति समझा दी।

फैंटम कुली को पत्र सौंप कर लौटा तो उसने विनी को विश्वास दिया : आपको अधिक असुविधा नहीं होगी। सिवतिया आपके लिये बिस्तर लगा देगी और कुर्सी खींच कर विनी के समीप बैठ गया। चिन्ता-मुक्त होकर निर्बाध बात करने के विश्वास से जेब से सिगरेट की डिबिया निकाल ली।

विनी ने उसकी ओर हाथ बढ़ा कर मुस्करा दिया : लाइये, मैं लगा दूँ, मुझे अच्छा लगता है।

फैंटम गद्गद हो गया : आपकी उदारता के लिये आभारी हूँ। आपकी उपस्थिति से कितना बल अनुभव कर रहा हूँ।

विनी ने सिगरेट सुलगा देने के लिये छोटा-सा कश लिया और सिगरेट फैंटम की ओर बढ़ा दी।

धन्यवाद! फैंटम ने सिगरेट लेकर कहा : संगति के लिये आप भी सुलगा लीजिये।

विनी मीठी लाज से मुस्कराई : आपको आपत्ति नहीं होगी तो इसी सिगरेट से साथ दे दूँगी।

फैंटम ने उत्साह से सिगरेट विनी की ओर बढ़ा दी : जरूर!

विनी ने सिगरेट लेने के लिये हाथ बढ़ा कर फैंटम की आँखों में देख लिया।

पामर लारेंस के यहाँ जाने के लिये बरामदे में आया और रेनकोट पहन लिया। कुछ सोच वह फिर भीतर लौट गया और जेनी को आश्वासन दिया : अच्छा मैं जा रहा हूँ, तुम अधीर न होना।

जेनी पति का आश्वासन सुन कर भी कम्बल ताने मौन साधे रही। कहना चाहती थी कि जल्दी खबर देना परन्तु बोल न सकी। सिसकियाँ और आँसू रोके रहने के लिये निश्चल पड़ी रही।

पामर के चले जाने के कुछ मिनट बाद डेजी और रोजी ने आकर पुकारा : मम्मी, मम्मी क्या तबीयत ठीक नहीं है?

जेनी ने टाल दिया : हाँ डियर, जरा-जरा सिरदर्द हो रहा है। चाहती हूँ कुछ देर चुप लेट लूँ।

लड़कियों ने चिन्ता प्रकट की : आन्टी तो अभी तक नहीं आयीं।

जेनी ने कम्बल के भीतर मुँह किये ही उत्तर दे दिया : क्या कह सकती हूँ। तुम से कहा तो था, शायद तल्लीताल में किसी के यहाँ ठहर गयी हो या वर्षा के कारण कहीं रुक गयी हो।

डेजी ने माँ की अवस्था पूछने के लिये बहाने से आकर अपना प्रयोजन प्रकट किया : मम्मी, अब तो बारिश ज्यादा नहीं है। हम थोड़ी देर के लिये निम्मी के यहाँ कैरम खेलने चले जायें? घंटे भर में लौट आयेंगे।

जेनी ने अपना क्षोभ छिपाये रख सकने के लिये अनुमति दे दी : अच्छा, मुझे दो गोलियाँ दे जाओ।

डेजी तुरन्त दो गोलियाँ और गिलास में जल ले आयी।

जेनी गोलियाँ निगल लेने के लिये चेहरे से कम्बल हटा कर उठी। डेजी ने माँ की आँखों में लाली देख कर पूछ लिया : मम्मी, क्या बहुत सिरदर्द हो रहा है? और वाम लगा दूँ?

बेटी, गोलियों से ठीक हो जायेगा। जेनी ने उत्तर दिया : तुम लोग निम्मी के यहाँ हो आओ, बहुत देर न लगाना।

जेनी लड़कियों के चले जाने के बाद मन को सँभाल सकने के लिये फिर कम्बल ओढ़ कर लेट गयी।

पामर और लारेंस के लौटने की प्रतीक्षा में जेनी का हृदय चिन्ताओं और आशंकाओं की गहराई में डूबता जा रहा था···विनी नैनीताल आयी ही क्यों···मरी लखनऊ में जो चाहे करती! किस मुसीबत में डाल दिया, ईश्वर सहायता करे। भयानक कल्पनाओं से जेनी सिहर उठी और हृदय पर बोझ से साँस रुकने लगी···जाने क्या समाचार मिलेगा!···जैसे रोमी डाँडी में लौटा था।

ईश्वर न करे, उसने झील में कुछ किया होता तो अब तक खबर फैल गयी होती।···ओह, पामी कह रहा था, आज झील पर घना धुंध है। हो सकता है, किसी को पता न चला हो! कहीं चट्टान से कूद पड़ी हो!···जेनी को कँपकँपी आ गयी। ईश्वर न करे, शरीर क्षत-विक्षत···शरीर को ढूँढ़ने में बहुत समय भी लग सकता है। एक दो दिन लग जायें···ईश्वर जाने कब पता लगे! तब तक शरीर की क्या अवस्था हो जायेगी! दुनिया भर में चर्चा होगी। ईश्वर रक्षा करे···हम लोगों को क्या जवाब देंगे, क्या मुँह दिखायेंगे! रीमा को, आन्टी को या और किसी को भी तार नहीं दे सकती। जब तक निश्चय न हो जाये, कैसे तार दे दें!···परमेश्वर करे, जीवित हो···स्वस्थ हो···जीवित है तो न लौटने का क्या कारण?···परमेश्वर ही जानें, वही रक्षक है।

जेनी को मकान में मातम का सन्नाटा अनुभव हो रहा था। केवल रसोईघर से कभी-कभी बर्तन खटकने की आहट आ जाती।

पामर लारेंस को मिलने के लिये घर से पाँच बजे गया था, साढ़े छः बज चुके थे। जेनी सोच रही थी, अब तक तो वे लोग वापिस पहुँच

सकते थे। शायद लारेंस देर से घर पहुँचा हो और पामी को प्रतीक्षा करनी पड़ी। अंधेरा हो जाने पर तो खोज-खबर लेना और भी कठिन हो जायेगा। लारेंस तो खबर मिलते ही आता या शायद पामी को रोक कर जाँच-पड़ताल के प्रबन्ध में लग गया हो पर मुझे खबर तो भेज देते!

गोलियों से जेनी का सिरदर्द तो दूर हो गया परन्तु ज्यों-ज्यों समय बीत रहा था, आशंका निश्चय का रूप लेती जा रही थी। जेनी के कान निरन्तर मकान के बाहर आँगन के किंवाड़ों की ओर थे। आँगन में बजरी पर भारी कदमों की आहट सुनायी दी। जेनी कम्बल फेंक, ड्रेसिंग गाउन को शरीर पर सँभाल कर उठ गयी। लारेंस के आ जाने के विचार से जेनी के हृदय की गति बढ़ गयी थी। किंवाड़ों की ओट से झाँका तो पामर को अकेला देख स्फूर्ति जाती रही।

पामर ने बरसाती कोट और टोपी बरामदे में खूँटी पर टाँग दिये। बूट पहने ही आदत के अनुसार थकावट से निढाल हो सोफा-कुर्सी पर गिर-सा पड़ा। फूला हुआ दम ठीक हो जाने की प्रतीक्षा न कर बोला : वही बात हुई। मैं तो कह ही रहा था कि तुम व्यर्थ ही घबरा गयी हो। सहसा भयंकर दुष्कल्पना कर लेना संगत नहीं है। लारेंस और ईजी भी यही कहते हैं। तुम्हारा अनुमान और कल्पना मैंने लारेंस को समझाने के लिये सब बातें, विनी की मनोवस्था और वैसे संदेह के लिये पृष्ठभूमि खूब अच्छी तरह समझा दी है। वह भी कहता है कि सैकड़ों अप्रत्याशित संभावनायें हो सकती हैं, जिनकी हम कल्पना नहीं कर सकते। यों ही घबरा जाना ठीक नहीं। पता लगाने के लिये पूरा प्रयत्न करेगा। वह दफ्तर से साढ़े पाँच बजे लौटा। मेरे कहने से उसने कोतवाली, दोनों चौकियों और हस्पताल में फोन करके पूछा। कहीं से किसी दुर्घटना का समाचार नहीं मिला। गेठिया, भुवाली, मनीरा, ज्योलीकोट सब जगह फोन कर दिये हैं कि आस-पास से पता लिया जाय। मैंने सुझाया तो उसने कालाखान और सेमेट्री के पीछे खड्ड की तरफ पता लेने को भी कह दिया। उसने आठ बजे तक रिपोर्ट माँगी है। उसे नौ बजे मेट्रोपोल जाना है। वह सवा आठ या साढ़े आठ बजे तक यहाँ आयेगा। जो खबर मिलेगी, बता जायेगा।

जेनी साँस खींच कर चुप रह गयी। पामर बहुत थक गया था। जेनी ने पति को धन्यवाद दिया। समझौता करने के संकेत में सहायता देकर

गम बूट उतरवाये और आराम कर सकने के लिये पति के कपड़े बदलवा दिये। जेनी के लिए कुछ बोल सकना संभव न था। लारेंस से समाचार मिलने की प्रतीक्षा में जेनी समय काटने के लिये कुछ देखभाल करने के बहाने रसोई की ओर चली गयी और पति से कह गयी : तुमने दोपहर भी कुछ नहीं खाया है, लड़कियाँ भी निम्मी के यहाँ से आते ही माँगेंगी। देखती हूँ शीबू क्या कर रहा है। कमबख्त के हाथ ही नहीं चलते, देर कर देता है।

पामर और जेनी लारेंस की प्रतीक्षा में सवा आठ बजे ही ड्राइंग रूम में बैठ गये। प्रतीक्षा का मिनट-मिनट भारी हो रहा था। आपस में वे क्या बात करते! दूराशंका के सम्बन्ध में तो सभी बातें सोच और कर चुके थे।

पामर ने मुद्रा गम्भीर बनाने के लिये सिगार लगा लिया और लारेंस को सिगार पेश कर सकने के लिये सिगार का डिब्बा सोफा-कुर्सी के समीप ही रख लिया था। जेनी सोफा की बाहँ पर कोहनी टिकाये, ठोढ़ी मुट्ठी पर रखे, पलक झुकाये थी; शोक में समवेदना प्रकट करने वालों की प्रतीक्षा में हो।

लारेंस आठ बज कर पच्चीय मिनट पर आया। वर्दी में नहीं था परन्तु अभ्यास के कारण बेटन हाथ में लिये था।

लारेंस ने जेनी की गुलाबी, भीगी आँखें और उदास चेहरा देख कर अवसर के अनुकूल धीमे स्वर में पामर को सम्बोधन किया : कोई समाचार नहीं मिला?

जेनी ने इनकार में गर्दन हिलाकर निश्वास छोड़ा और सम्भल गयी। लारेंस कोई समाचार नहीं लाया था।

लारेंस जेनी के समीप की सोफा-कुर्सी पर बैठ गया। सहानुभूति में पूर्ण सहायता की तत्परता का विश्वास दिलाने के लिये बोला : आठ बजे सब चौकियों से फिर पूछ लिया है। कहीं से कोई समाचार नहीं है। हलद्वानी, काठगोदाम से भी पूछ लिया है। यह भी ताकीद कर दी है कि कोई समाचार हो तो नौ बजे के बाद मुझे मेट्रोपोल में फोन पर बुलवा लें। कोई खबर मिलेगी तो लौटते में बता जाऊँगा। साढ़े ग्यारह तक लौटूँगा।

जेनी ने पलक झपक कर धन्यवाद दिया। पामर ने भी मुख में भरा हुआ धुआँ छोड़ कर धन्यवाद दिया और पूछ लिया : सिगार ट्राई करोगे?

लारेंस ने जेब में हाथ डालते हुए कहा : नहीं-नहीं, तकल्लुफ की क्या जरूरत है! सिगार के लिये परेशान न हो, सिगार खतम होने में बहुत देर लग जायेगी। मुझे जल्दी जाना है। यह देखो, सिगरेट है।

पामर ने दीर्घ निश्वास लिया : मित्र, इस कठिनाई में तुम्हारा ही भरोसा कर सकते हैं।

लारेंस ने माचिस जलाते हाथ को रोक कर विश्वास दिलाया : अरे भाई, यह तो मेरा काम है।

लारेंस ने जेनी की ओर देखा : तुम्हें सहसा इतनी भयंकर दुराशंका कैसे हो गयी? खैर, तुम्हारे संदेह और अनुमान की दृष्टि से ही देखना हो तो जानती हो कोई काम बिना बताये या छिपा कर किया जाता है तो उसका पता मिलने में कुछ समय लगता ही है। कहा नहीं जा सकता, कितना समय लग जाये।

पामर ने समर्थन किया : हाँ, यह बात तो ठीक है, खबर मिलने में समय लगता तो स्वाभाविक है।

परन्तु तुम लोग ऐसी दुष्कल्पना क्यों कर बैठे हो? लारेंस ने पूछा। पामर ने विनी के व्यवहार या बातचीत के विषय में जो कुछ बताया, उससे ऐसी कल्पना कर लेने के लिये मुझे तो कोई विशेष आधार नहीं दिखाई देता। तुमने आज सुबह उसके किस व्यवहार या बात से कोई ऐसा अनुमान किया है?

पामर ने जेनी की ओर देख कर झिझकते हुए उत्तर दिया : बिलकुल निश्चित रूप से तो नहीं पर उसकी निरन्तर उदासीनता और पिछले कुछ व्यवहारों से संदेह हो भी सकता है। वैसे आज सुबह लगा कि वह अकेली ही जाना चाहती थी।

लारेंस ने बेटन को दोनों हाथों से घुटनों पर दबा कर फिर पूछ लिया : उसके अकेले जाने की इच्छा के अनुमान के कारण ही ऐसी आंशका है!···खैर, कैसे समझते हो कि वह अकेले जाना चाहती थी?

जेनी ने सुबह विनी से कब्रिस्तान जाने के सम्बन्ध में हुई बातचीत लारेंस को बता दी। गले में रुँधे आँसू निगल कर पूछा : भाई साहब, आखिर वह चली कहाँ गयी, कहाँ गायब हो गयी? निश्चय मानिये, वह किसी दूसरी जगह नहीं जा सकती।

लारेंस ने जेनी की ओर देखा : इच्छा के बिना भी व्यक्ति बाध्य हो सकता है।

जेनी ने पूछ लिया : बाध्य क्या! छत्तीस वर्ष की है, उसे क्या किसी ने पकड़क कर रोक लिया होगा, उड़ा ले जायेगा?

लारेंस ने गर्दन हिलाई : ओह, उड़ाया तो तिरसठ वर्ष की महिला को भी जा सकता है। उड़ा देने के अनेक कारण हो सकते हैं। मैं ऐसी दुष्कल्पना कर लेने के लिये नहीं कह रहा हूँ। कह रहा हूँ असम्भव नहीं है, इसीलिये तो भुवाली, काठगोदाम में भी सूचना दे दी है। किसी को लूट लेने के लिये भी तो उड़ाया जा सकता है।

जेनी ने लारेंस की ओर देखा : उसे लूटने के लिये पकड़ ले जाने की कल्पना कैसे की जा सकती है! किसी को उसके पास रुपया या ज्वेलरी होने का क्या संदेह हो सकता था? बहका लेने का क्या सवाल हो सकता है। वह तो किसी से बात भी नहीं करती थी।

पामर ने जेनी का समर्थन किया : हाँ बिलकुल यही बात है। लखनऊ में भी हमने यही देखा था। वह तो बिलकुल ही स्तब्ध, गुम-सुम हो गयी थी।

लारेंस ने आश्वासन देने के अभिप्राय से आगे झुक कर कहा : मैंने ऐसी कोई दुराशंका प्रकट नहीं की। मैं तो यही कह रहा हूँ कि तुम दोनों ने बिना किसी आधार के भयंकर दुष्कल्पना कर डाली है। कोई व्यक्ति बहुत मामूली कारण से भी बाध्य हो सकता है। मेरा सुझाव है कि बिना किसी समाचार या आधार के कोई भी अनुमान या कल्पना कर लेना ठीक नहीं।

जेनी ने डबडबायी गुलाबी आँखें लारेंस की ओर उठा कर, रुँधे हुए कण्ठ से कहा : भैया, हमारी आशंका निराधार नहीं है। आप उसकी मनोवस्था नहीं जानते, इसलिये आपको निराधार जान पड़ रही है। वह तो अवसर की खोज में ही रहती थी। वियोग के आघात से बिलकुल स्तब्ध, गुमसुम हो गयी थी···।

तुम कहती हो कि बिलकुल गुमसुम हो गयी थी। इसका मतलब यह हो सकता है कि उसके मन में कोई प्रोग्राम रहा हो और तुम लोगों से चर्चा नहीं की हो। तुम्हारा विश्वास है कि वह यहाँ से कब्रिस्तान तक

ही गयी होगी।…लारेंस जेनी की ओर घूम कर बोला : मैं स्थिति समझने का यत्न कर रहा हूँ। असम्भव नहीं मार्ग में कोई कारण हो गया हो, संध्या तक लौट आने के विचार से भुवाली चली गयी हो और न लौट सकी हो। खैर, यह तो पला लग जायेगा कि कौन-कौन रिक्शा भुवाली और कब्रिस्तान की तरफ गये थे लेकिन यह पता लेने में समय लगेगा। सुबह आठ बजे तक यह पता लग जायेगा कि विनी किस नम्बर की रिक्शा में गयी थी, उसे कौन कुली ले गये थे। तभी कुछ अनुमान करना ठीक होगा। पहले जो तथ्य जाने जा सकते हैं, जान लिये जाय तब उनके आधार पर अनुमान किया जाय।

पामर ने सांत्वना से जेनी की ओर देखा : ठीक तो कह रहे हैं। और फिर लारेंस से बोला : मैंने इसे यही समझाया था कि रिक्शा-कुलियों से पता लग सकता है। मैंने भी जेनी से कहा था कि रिक्शा उसे कब्रिस्तान छोड़ कर खाली नहीं लौट सकती।

जेनी का अनुमान विश्वास योग्य न बताये जाने से उसे कुछ सांत्वना मिली परन्तु फिर दुराशंका उठी : लेकिन विनी गयी कहाँ? उसके जाने की कल्पना संभव नहीं। मिस्टर लारेंस, शायद आपने उसे देखा नहीं…।

हाँ, मैंने नेपियर की समाधि-यात्रा के समय उसे देखा था।

जेनी ने कहा : मिस्टर लारेंस उस समय का देखना क्या! उस समय तो वह मृत-प्राय हो चुकी थी, जैसे शरीर का सारा रक्त खिंच गया हो। वर्ना क्या स्वास्थ्य था! पामी से पूछी…गद्बदा शरीर, गाल सेबों की तरह; एक बार देख लो तो याद रहे।…जेनी ने गहरी साँस ली : और आज सुबह देखते तो पहचान नहीं सकते थे। बस छाया ही रह गयी है। पिछले साल तक मुझसे इक्कीस ही थी।…जेनी ने अपनी चुस्त आस्तीन की ओर संकेत कर बताया : अब उसकी आस्तीन चप्पा भर ढीली है। पुराने ब्लाउज पहनती है तो लगता है जैसे हैंगर पर डाल दिये हों। मेरा ख्याल है; वह लखनऊ से कुछ सोच कर ही आयी थी।

जेनी का स्वर भर्रा गया : इसमें तो कोई संदेह नहीं कि अपने आपको समाप्त कर देने की इच्छा निरन्तर उसके मन में थी; दुर्घटना के बाद नैनीताल में ही नहीं, लखनऊ जाकर भी। पामी से पूछिये, वह तो सेमेट्री से ही नहीं लौटना चाहती थी। रौशर हाल से भी रात के समय झील में डूब जाने के लिये चली जाना चहती थी। उसकी लड़की और

ननद ने पकड़ लिया था। सुना तो मैं खुद वहाँ जाकर रही। रात में सब दरवाजों में ताले लगवा देती थी। लखनऊ में हमें उसके पड़ोसियों ने भी चेतावनी दी थी। भैया, निश्चय ही उसके मन में यह विचार था··· ।

पामर ने समर्थन किया : हाँ, यह बात भी ठीक ही है। थैल्मा ने पत्र में लिखा था और मिसेज रिपन ने भी चेतावनी दी थी।

लारेंस ने सुनने के लिये संकेत किया : सुनो, पड़ोसियों की और तुम्हारी धारणा की गवाही से यह मान लिया जा सकता है कि उनके मन में अपने आपको मिटा देने की इच्छा होगी परन्तु इच्छा होने पर भी उसे पूर्ण कर डालना, 'मेरा अभिप्राय है कि आज सुबह वह इच्छा पूर्ण कर लेने का अवसर और ऐसा विचार तीव्र हो जाने का कोई कारण··· ।

जेनी ने बीच में ही टोक दिया : भाई, इसीलिए तो मुझे संदेह होता है। तब भी वह समाधि पर मूर्छित हो गयी थी। इतने दिनों बाद समाधि पर गयी तो भावोन्मेष नहीं हुआ होगा?

लारेंस जेनी की ओर झुक गया : मैं मानता हूँ, भावोन्मेष हुआ होगा परन्तु वह वहाँ से लौटा नहीं, यह उस समय तक नहीं मान लिया जा सकता जब तक उसे ले जाने वाली रिक्शा के कुलियों से समाचार न मिल जाये।

जेनी ने समझा, लारेंस उसे दुश्चिन्ता से बचाने के लिये ही उसकी भयंकर कल्पना को अस्वीकार करता जा रहा था। वह आत्मीयता के अधिकार से झुँझलायी : क्या कह रहे हैं! वह जिन्दा होती, सेमेट्री से लौटती तो यहाँ नहीं आती?

लारेंस ने जेनी के चेहरे पर आँखें गड़ा कर, पामर को सुनाने के लिये जरा ऊँचे स्वर में कहा : तुमने उसके यहाँ न पहुँचने पर किसी समाचार और साक्षी के अभाव में अपने स्नेह और मन में बैठी धारणा से केवल एक कारण ही कल्पना कर ली है। तुम्हें उससे अधिक सहज अनुमान और कल्पनाएँ सुझा सकता हूँ। तुम कुछ अन्य सहज अनुमानों को भी सम्भव मान लो तो इस प्रकार अधीर हो जाना संगत नहीं जान पड़ेगा।

जेनी का मन अपने प्रति लारेंस की चिन्ता से और साँत्वना की आशा से पिघल-सा गया।

पामर ने समर्थन किया : बिलकुल ठीक है, अनेक कल्पनायें हो सकती हैं। मैं इसे समझ रहा हूँ कि जब तक समाचार और साक्षी न मिले, धैर्य से प्रतीक्षा करनी चाहिये।

लारेंस ने कहा : सुनो, तुम जानती हो भुवाली रोड पर बसें इक तरफा चलती हैं। कोई बस आधे रास्ते से लौट नहीं सकती। ईश्वर न करें, यदि बस से उसकी रिक्शा को मामूली-सा धक्का लग गया हो और सवारी को सहायता के लिये डॉक्टर के यहाँ पहुँचाना हो तो बस उसे नैनीताल नहीं ला सकती, भुवाली ही ले जायेगी। ऐसी कई घटनायें हो चुकी हैं।

पामर ने कहा : हाँ, ईश्वर न करे, कहीं ऐसा हो गया तो···।

जेनी ने शंका प्रकट की : हाँ, मैं नहीं कहती कि असंभव है परन्तु ऐसा होता तो आपके यहाँ रिपोर्ट आयी होती।

लारेंस ने कहा : तो फिर रिपोर्ट की प्रतीक्षा करनी चाहिए।

जेनी ने आँसू पोंछ लिये : क्या कम प्रतीक्षा की है मैंने! सुबह से प्रतीक्षा में ही तो मरी जा रही हूँ। सेमेट्री से लौटी होती तो यहाँ आये बिना रह कैसे सकती है···भैया, जो उसकी मानसिक अवस्था जानते हैं विश्वास ही नहीं कर सकते कि किसी से मिलने चली जायेगी।

लारेंस ने जेनी की ओर देखा माई डियर, यह मत भूलों कि व्यक्ति अपनी इच्छा के विरुद्ध व्यवहार के लिये भी बाध्य हो जाता है।

जेनी ने पूछा : यह कैसे संभव है?

लारेंस ने कहा : बहुत मामूली बात है। तल्लीताल में बसों के आने के समय भीड़ के कारण प्राय: ही छोटी-मोटी दुर्घटनायें हो जाती हैं। कल्पना करो, रिक्शा में आ रही हो। उसकी रिक्शा से किसी बूढ़े बूढ़िया को या बच्चा गोद में लिये औरत को टक्कर लग जाये और टक्कर खाने वाला गिर गया हो···तुम क्या समझती हो, ऐसे समय वह गिरने वाले की उपेक्षा कर रिक्शा दौड़ाती चली आयेगी?

पामर और जेनी ने एक साथ विरोध किया : असम्भव है! हर्गिज नहीं, हर्गिज नहीं! विनी किसी के दर्द की उपेक्षा नहीं कर सकती, चाहे स्वयं मुसीबत में ही पड़ जाये।

लारेंस ने समर्थन किया : यही मैं कह रहा हूँ। हम कभी कल्पना नहीं कर सकते कि अगले क्षण में क्या हो जायेगा! व्यक्ति सहायता के

कारण या कर्त्तव्य समझ कर भी मुसीबत में फँस सकता है, बाध्य हो सकता है। उसने जेनी की ओर देखा : तुमने तो इतनी भयंकर दुष्कल्पना कर ली, मेरी कल्पना तो बहुत मामूली है। अनुमान किया जा सकता है कि विनी की रिक्शा से, बच्चा गोद में लिये किसी गरीब औरत को झटका लग गया हो। बच्चे या औरत को सड़क पर गिरने से जरूर कुछ चोट आयेगी, कुछ भी संभव है। क्षमा करना, कोई गर्भवती स्त्री उसकी रिक्शा के धक्के से सड़क पर गिर गयी हो, कुछ भी हो जाये···औरत के घुटने की हड्डी टूट जाये या कूल्हे पर चोट आ जाये अथवा बच्चा गोद से छिटक कर गिर पड़े और उसे चोट लग जाये। विनी बच्चे और उस औरत को घर पहुँचाने गयी हो और वहाँ तीमारदारी में लग गयी हो···।

जेनी के चेहरे पर मुस्कराहट आ गयी। सांत्वना के प्रयत्न के लिये कृतज्ञता से लारेंस की ओर देखा : हाय, पुलिस वाले बड़े खतरनाक होते हैं। ऐसे ही केस बना लेते होंगे। वे जिसे चाहे फँसा दें!

पामर ने कहा : जी हाँ, ऐसे मामलों को समझने के लिये योग्यता चाहिये।

लारेंस ने पामर को बात न सुन जेनी की ओर देखा : और सम्भव है विनी सहायता का काम निबटा कर इसी क्षण आ जाये।

जेनी के मुँह से निकल गया : टच वुड! और मुस्करा कर सोफा की लकड़ी को छू लेने के लिये झुक गयी।

लारेंस ने कहा : मेरा अभिप्राय है कि तुम्हें धैर्य से प्रतीक्षा करनी चाहिए। समाचार पाने के लिये पूरा प्रबन्ध कर दिया है। तुम्हारा चेहरा देख कर तो लगता है कि दुर्घटना का निश्चय हो चुका है। तुम लोग समाचार के लिये या और किसी भी जरूरत के लिये मुझ पर भरोसा कर सकते हो।

इसीलिये तो मैं तुम्हारे पास दौड़ा आया था। इसे समझाया कि वास्तवकि स्थिति लारेंस ही समझ सकता है। जब तुम सहायता करने के लिये हो तो यह क्यों घबरा रही है! पामर ने समर्थन किया।

जेनी ने आत्मीयता से लारेंस की ओर देखा। उसकी नजर से सांत्वना का रस ले, अधिक सांत्वना की इच्छा से आँखें छलका कर रूमाल से ढक लीं। दीर्घ निश्वास ले बोली : भाई, तुमने तो समझा दिया पर मेरा मन नहीं मानता। मेरा दिल धड़क रहा है कि जरूर कुछ हुआ है वर्ना

वह रुक नहीं सकती थी। मेरी आँखों के सामने से उसका चेहरा नहीं हट रहा है। दस महीने में क्या हो गया!···चेहरे पर जैसे मोम चढ़ गया हो। आँखें शून्य, पथराई हुई···होंठों के कोने पर लकीरें आ गयी हैं। जानबूझ कर किसी को साथ नहीं ले गयी। मैंने कहा था, लंच के बाद पामी छुट्टी ले लेगा : हम सब चलेंगे। कहने लगी-फूल खराब हो जायेंगे तुम्हीं बताओ, ट्यूबरोज कहीं ऐसे खराब होते हैं! मुझे तो लगता है, वह खत्म हो जाने का निश्चय करके ही नैनीताल आयी थी।···जेनी ने आँखें पोंछ ली : नैनीताल तीन-चार बार आ चुकी हैं, क्या नहीं जानती यहाँ कितनी सर्दी होती है! जानते हो, क्या बिस्तर लायी है···दरी, तकिया और चादर! साथ कोई गर्म कपड़ा नहीं। कहाँ दो-दो, तीन-तीन कोट लेकर आती थी। स्वेटर, छतरी कुछ नहीं लायी। स्पष्ट है, सिर्फ ट्रेन से रात काटने का इन्तजाम करके चली थी···क्यों?

लारेंस ने बेटन बायीं हथेली पर मार कर जेनी की ओर देखा : तुम ठीक कहती हो। ये बातें जीवन के प्रति उसकी उपेक्षा प्रकट करती है। मैं मान लेता हूँ कि वह अपने आपको समाप्त कर देना चाहती थी परन्तु ऐसा कर बैठी है, यह बिना साक्षी के नहीं मान लेनी चाहिए। तुम केवल अनुमान कर रही हो। तुमने एक संदेह बना लिया है और विनी की वर्तमान मनोदशा के सम्बन्ध में धारणा के आधार पर अपने संदेह के अनुसार कल्पना कर ली है।···लारेंस ने पामर की ओर भी देखा : तुम लोग विनी का जैसा स्वभाव और प्रकृति बताते हो, उसके अनुसार ही तुम्हारे अनुमान में संदेह होता है। तुम कहती हो, विनी स्वभाव से बहुत गम्भीर है, उत्तरदायित्व का विचार रखेगी, दूसरे को संकट में न डालने के लिये सावधान रहेगी···।

पामर ने कहा : अवश्य-अवश्य! यह तो निश्चित बात है।

लारेंस फिर जेनी की ओर झुक गया : मानोगे, हम लोगों की इस प्रकार घटनाओं की जाँच-पड़ताल करने का अनुभव है। शिष्ट और जिम्मेदार प्रकृति के लोग जब ऐसा कदम उठाने का निश्चय कर लेते हैं तो पच्चानवें प्रतिशत मामलों में अपने बाद दूसरों पर संकट और जिम्मेवारी न पड़ने देने का प्रबन्ध भी कर जाते हैं। पत्र···।

लारेंस पामर को कान खड़े कर दरवाजे से बाहर झाँकते देख कर चुप हो गया।

पामर ने लारेंस की ओर देखा : जहरा क्षमा करना। और दरवाजे से बाहर की ओर झाँक कर ऊँचे स्वर में पुकारा : कौन? उसे किसी आहट का संदेह हुआ था।

साहब चीठी है। आँगन से फिर आवाज आयी।

पामर ने सोफा-कुर्सी से उठते हुए कहा : क्षमा करना, मैं जरा बाहर देख लूँ।

लारेंस ने बेटन को हाथों पर घुमाते हुए कह दिया : हो सकता है, विनी का ही पत्र हो।

जेनी मुस्कराई : टच वुड! फिर झुक कर सोफा की लकड़ी छू ली। क्षण भर के लिये पामर की अनुपस्थिति का लाभ उठा, लारेंस की ओर देख लिया : और यू आर स्वीट (हाय, तुम बहुत अच्छे हो)। तुम्हारी ही बात ठीक हो। और फिर उसका दिल धक् से रह गया। उसने हृदय पर हाथ रख लिया।···क्या मालूम, लारेंस की दूसरी बात ठीक हो! कुछ करने से पहले वह समाचार दे देने का प्रबन्ध कर गयी हो।···लारेंस की ओर देख कर धीमे स्वर में बोली : जाने क्या समाचार होगा?

पामर बाहर से लौटा तो उसके हाथ में लिफाफा था। जेनी ने रोने से फूली आँखों को तीखे प्रकाश से बचाने के लिये छत की बत्ती नहीं जलायी थी। सोफा के समीप खड़ा लैम्प लाल शेड से गुलाबी मद्धिम प्रकाश दे रहा था।

पामर न लिफाफा लैम्प के समीप लाकर देखा : है तो हमारे ही नाम···निश्चय ही विनी के हस्ताक्षर हैं। उतावली से लिफाफा फाड़ कर बीच के कागज को सीधा किया। पत्र से रुपये-रुपये के दो नोट नीचे गिर गये। पामर ने साँस रोके पत्र पढ़ लिया और दुबारा पढ़ने लगा।

जेनी का कलेजा धक्-धक् कर रहा था। देख रही थी, पत्र में कुछ ही पंक्तियाँ थी। उन पंक्तियों को पढ़ने में इतना विलम्ब उसे असह्य हो रहा था। उसके मुँह से निकल गया : क्या बात है?

पामर पत्र को दूसरी बार पढ़ कर भी कुछ नहीं बोला । पत्र उसने जेनी की ओर बढ़ा दिया और छत के बिजली जला दी।

जेनी ने पत्र को पढ़ा। दूसरी बार पढ़ने पर उँगलियाँ काँप गयी। भवें उठ कर माथा सिकुड़ गया और होंठ पलट कर दाँतों में चले गये। दबे

हुये होंठों से निकल गया : मर जाय कुतिया!···हो गया है! उसने पामर की ओर देखा : बिलकुल उसी के तो हस्ताक्षर हैं! क्या हो गया इसको!

जेनी ने भयंकर कल्पना से मुक्ति का श्वास लिया। क्रोध और ग्लानि से मुँह बिचका कर लारेंस की ओर देखा : हे ईश्वर, डायन के मन में जाने क्या था!···तुम्ही देखो! पत्र लारेंस की ओर बढ़ा दिया।

लारेंस ने पत्र ले लिया परन्तु जेनी और पामर का निजी पत्र पढ़ने से पहले शिष्टता के विचार से पामर और जेनी को देख कर पूछा : क्या कहती हैं···मैं पढ़ लूँ?

जेनी ने असह्य आघात से गिरने की मुद्रा में सोफा की पीठ का सहारा ले गर्दन पीछे डाल दी और आँखें मूँद लीं। पामर ने अनुमति दी : हाँ-हाँ, देखो इसे, तुम्हारी समझ में क्या आता है।

लारेंस पत्र को गौर से देख कर, बोल-बोल कर पत्र के शब्द पढ़ने लगा—

प्रिय जेनी और पामी,

मुझे बहुत खेद है, तुम लोग मेरे लौट न सकने के कारण जरूर बहुत चिन्ता में होंगे। विलम्ब होता जाने पर भी इसी विचार में रही कि कुछ देर में पहुँच जाऊँगी परन्तु मुझे अनिवार्य परिस्थिति में रुक जाना पड़ा है।

मुझे सेमेटी में मि० फैंटम मिल गये थे। वह ऐसी अधीर और असहाय अवस्था में है कि उन्हें अकेले छोड़ कर आ सकना बिलकुल संभव नहीं। इस समय उन्हीं के मकान पर हूँ।

मैं यहाँ बिलकुल सुरक्षित हूँ और अपने उत्तरदायित्व को समझती हूँ। चिन्ता का कोई कारण नहीं है। कल मिलने पर सब बता दूँगी। तुम्हें इतनी देर तक चिन्ता में रखने के लिये क्षमा चाहती हूँ।

संवतिया के लिये दो रुपये रख रही हूँ।

सस्नेह तुम्हारी
विनी

गुड ईवनिंग अंकल! डेजी को आवाज सुनायी दी।

लारेंस पत्र को पढ़ रहा था तो डेजी और रोजी उसका स्वर सुन भाग कर आ गयी। पामर ने उन्हें टोक कर कहा : बेटा, तुम लोग उधर ही ठहरो। हाँ, अंकल के लिये कॉफी बनवा दो।

लारेंस ने पत्र को दुबारा मन में पढ़ कर समझ लेने के भाव से गर्दन हिलायी।

बाहर खड़े पत्र लाने वाले ने अपनी ओर ध्यान आकर्षित करने के लिये पुकारा – हुजूर, चीठी आपका है?

लारेंस पामर से पहले बोल पड़ा : भीतर आओ, भीतर आओ।

कुली पत्तों का छाता बरामदे में छोड़ कर दरवाजे में आ गया। कुली ने झुक कर सलाम किया। लारेंस ने कुली को सम्बोधन किया : चीठी तुम लाया है?

कुली : जी साब।

लारेंस : चीठी कहाँ से लाया है?

कुली : साब, अंगरेजी स्कूल के नीचे साब रहता है, उसके बँगले से।

लारेंस : तुम क्या करता है?

कुली : साब कुली हैं।

लारेंस : साहब कुली है या तुम कुली है? लारेंस ने पामर और जेनी की ओर देखा पर व मुस्करा न सके।

कुली ने हाथ जोड दिये : साब हम कुली हैं!

लारेंस : कैसा कुली है तुम? सामान कुली है, रिक्शा कुली है या डाँडी कुली है?

कुली : हुजूर, डाँडी भी उठाता हूँ, रिक्शा भी खींचता है।

लारेंस : चीठी तुमको साहब ने दिया?

कुली : जी साब?

लारेंस ने प्रश्न दोहराया।

जी, साहब ने दिया।

लारेंस : साब का नाम जानता है?

कुली : नहीं जानता साब।

लारेंस : साहब को पहचानता है, पहले भी देखा है?

कुली : जा साब, उधर ही रहता है।

लारेंस : बँगले में साहब था या और कोई भी था?

कुली : था हुजूर।

लारेंस : कौन था?

कुली : मेम साब था हुजूर।

लारेंस : मेम साब क्या करता था?

कुली : बरामदे में खड़ा था हुजूर।

लारेंस : तुम्हारा नाम क्या है?

कुली : भीमा।

लारेंस : भीमा! भीमसिंह?

कुली : जी हाँ, भीम सीं।

लारेंस : तुम किधर रहते हो?

कुली : साब उधर ही रहता।

लारेंस : उधर किधर? ठीक से बताओ।

कुली : जी स्कूल के नीचे।

लारेंस : तुम शरकोट तहसील का रहने वाला है?

कुली : जी साब।

लारेंस : तुम्हारे मेट का क्या नाम है?

कुली : दमन सीं।

लारेंस : वह उधर ही रहता है?

कुली : जी साब।

लारेंस : अपना कुली टिकट दिखाओ।

लारेंस ने जेब से कलम निकाल कर कुली का टिकट नम्बर और मेट का नाम लिख लिया और टिकट उसे लौटा दिया।

लारेंस ने पामर और जेनी की ओर देखा : तुम लोग विनी को कोई संदेश भेजना चाहते हो?

पामर ने उलझन प्रकट करने के लिये हाथ हिला दिया : क्या संदेश···क्या कहूँ! उसने जेनी की ओर देखा : कुछ कहना चाहती हो?

जेनी सोफा की पीठ का सहारा लिये निढाल मुद्रा में आँखें मूँदे रही।

लारेंस ने पूछ लिया : क्यों! क्या कोई संदेश भेजना चाहती हो?

जेनी ने गर्दन झुका कर कहा : मर जाय डायन, क्या संदेश भेजना है!

लारेंस ने कुली की ओर देख कर विनी के पत्र से उड़ कर गिरे हुए रुपये के दो नोटों की ओर संकेत किया : वह उठा लो और जाओ।

लारेंस ने पामर और जेनी की ओर देखा : हूँ···दुष्कल्पनाओं और चिन्ताओं से छुटकारा मिला । अब मैं चल सकता हूँ?

जेनी क्षोभ वश न कह सकी : चिन्ता से छुटकारा क्या मिला, इस डायन ने तो और मार डाला! डेविल टेक हर (भाड़ में जाय)! उफ, इंसान भी क्या है···सुबह किस हालत में गयी थी और बारह घंटे में ही बदल गयी।

लारेंस जेनी की ओर मुड़ गया : हूँ, यह तो क्रोध है। भय और चिन्ता तो समाप्त हो गये!

जेनी की आँखों में क्रोध के आँसू आ गये : इससे तो अच्छा था चुड़ैल मर जाती। हम किसे मुँह दिखायेंगे!

क्या कहा? लारेंस ने भवें चढ़ा कर विस्मय प्रकट किया : मर जाती! उसने आत्महत्या कर ली होगी, इस दुष्कल्पना से तो तुम लोगों की जान निकल रही थी। विश्वास हो गया कि वह सुरक्षित और संतुष्ट है तो अब तुम्हें क्रोध आ गया है।

जेनी झुँझलायी : भाड़ में जाये उसकी सुरक्षा और संतोष! कैसा पाखंड बनाये थी।

लारेंस जेनी की ओर घूम गया । यह क्या, जेनी, यह क्या। बेचारी को गालियाँ क्यों दे रही हो? तुम उसे वर्षों से जानती हो। एक ही सेकेण्ड में तुम्हारा पुराना विश्वास बदल गया। अभी एक मिनट पहले तुम उसे करुणामयी, सहृदय, और उत्तरदायी बता रही थी।

जेनी ने फूँकारा : यह कुतियापन नहीं किया उसने तो और क्या किया है?

पामर बोल पड़ा : उससे ऐसी आशा तो नहीं थी। ओह, ऐसी बातों के बारे में कुछ नहीं कहा जा सकता।

लारेंस ने भवें उठा कर कहा : जेनी, तुम लोग बहुत अजीब हो। क्षण भर पहले उसके स्वभाव और प्रकृति के बारे में निश्चय से कह रहे थे, वह सहृदय है, उत्तरदायी है, वह बुरा काम कर ही नहीं सकती। यह पत्र भी वही बात कह रहा है। पत्र में क्षुब्ध हो जाने की क्या बात है?···लारेंस ने पत्र दिखा कर कहा : कहती है, उसे एक अधीर और असहाय की चिन्ता के कारण सहायता के लिए रुक जाना पड़ा है। कुछ मिनट पहले तुमने भी कहा था, विनी किसी के दर्द की उपेक्षा नहीं कर सकती, चाहे मुसीबत में पड़ जाये।

पामर ने पूछ लिया : यह फैंटम है कौन?

लारेंस ने बताया : मेरा ख्याल है, तुमने उसे देखा है। याद नहीं, क्रिसमस के समय···स्कूल के साथ, मदनपुर हाउस के नीचे एक स्कूल मास्टर की पत्नी मर गयी थी। उनके कोई सम्बन्धी यहाँ नहीं थे। फादर वर्कले ने संदेश भेजा था। मेरा ख्याल है, तुम भी सेमेट्री तक गये थे। स्कूल मास्टर तब से यहीं है। यहाँ सड़कों पर दिखाई दे जाता है, हमेशा चुप। विनी को सेमेट्री में मिल गया होगा। मर्द के लिए रोती औरत और औरत के लिये रोता मर्द···उनकी विह्वलता और आवश्यकता को परस्पर उनसे अधिक कौन समझ सकता है।

जेनी का क्रोध उमड़ पड़ा : लानत है ऐसे लोगों पर; कुत्ते-कुतिया है क्या!

तुम बहुत क्षुब्ध हो गयी हो। लारेंस ने जेनी की ओर देख कर कहा : कहे जा रही हो!···क्या कुत्ते-कुतिया प्यार नहीं करते? नर-मादा का आकर्षण प्राकृतिक बात है। मैं तो कहूँगा, पशुओं का प्रेम अधिक निश्चल, केवल प्रकृति की पुकार का परिणाम होता है। किसी अन्य प्रलोभन का विचार उनके आकर्षण को प्रभावित नहीं करता।

जेनी क्रोध में भड़क उठी : मिस्टर लारेंस, यू आर लिमिट! इंसान कुत्ते-कुतिया हैं। जहाँ देखा, सड़क पर एक दूसरे से लिपट गये; न जान न पहचान।

लारेंस के स्वर में अफसर की तटस्थता आ गयी : ओह, बहुत नाराज हो! अच्छा बताओ, तुम लोग क्या चाहते हो? अभी एक मिनट पहले तुम कह रही थी कि विनी के लिये अकेलापन असह्य है, सूख कर

आधी रह गयी है। वह मानसिक यंत्रणा के कारण आत्म-हत्या कर लेना चाहती है। उसने आत्म-हत्या कर ली होगी, इस आशंका से तुम अधीर और बेबस होकर आँसू नहीं रोक पा रही थी। अब कहती हो मर जाती। तुम्हारे व्यवहार में यह कितना अन्तर-विरोध है! कोई अन्य व्यक्ति समझेगा कि वह वैधव्य और अकेलेपन में बिलखती, बिसूरती रहती तो तुम्हें संतोष होता। जीवन की असह्य यंत्रणा से आत्म-हत्या की इच्छा में तड़पती रहती तो तुम उससे सहानुभूति रख सकती थीं। वह सुरक्षा और संतोष अनुभव कर रही है, यह सुन कर तुम क्षुब्ध हो रही हो।

जेनी आँसू भरी लाल आँखें लारेंस की आँखों में डाकर उबल उठी : आग लगे उसकी सुरक्षा और संतोष में! राह चलते के गले लिपट जाना सुरक्षा और संतोष है या नारकीय पतन है!

पामर ने समर्थन किया : निश्चय यह तो शर्म से मर जाने की बात है। वास्तव में ही नारकीय पतन है।

लारेंस ने भवें ऊँची कर पामर से पूछा : क्या कह रहे हो भले आदमी!···यह नारकीय पतन है···असह्य, अधीर व्यक्ति की सहायता के लिए रुक जाना नारकीय पतन कहा जाना चाहिये!

जेनी उबल पड़ी : भैया, तुम हद कर रहे हो! रात में अकेले मर्द के साथ पड़ी है। यह असहाय, अधीर की सहायता है!

पामर न समर्थन किया : यह तो कोई एटीकेट नहीं है। लोग तो वही समझेंगे···जो ऐसी हालत में समझा जाता है, जो नेचुरल होता है, जो मर्द-औरत में आकर्षण से होता है, जिसे लोग स्वाभाविक समझते हैं।

लारेंस बोला : तो तुम इसे मानव प्रकृति के लिये स्वाभाविक और आवश्यक समझते हो न!

जेनी ने उत्तेजित होकर प्रश्न किया : भैया, तुम कैसी बातें कर रहे हो! तुम प्राकृतिक, स्वाभाविक और आवश्यक बता रहे हों; क्या इसे उचित कहोगे?

लारेंस ने उत्तर में प्रश्न किया : सोचो, फैंटम के यहाँ, वह पहुँची कैसी···असहाय, अधीर के प्रति सहानुभूति में विह्वल हो जाने के कारण। उसने बेटन से विनी के पत्र को छूआ : स्पष्ट और निस्संकोच कह रही है—अपने उत्तरदायित्व को समझती हूँ।

जेनी और भी क्षुब्ध हो गयी : असहाय, अधीर के प्रति सहानुभूति का पाखंड! राँड साफ क्यों नहीं कहती, रंडुये को देख कर लिपट गयी, रह न सकी।

लारेंस ने जेनी की ओर घूर कर कहा : विस्मय है जेनी, तुम अपनी कजिन के प्रति इतनी निर्दय हो सकती हो। राँड, रंडुए को देखकर लिपट गयी का क्या मतलब है?

जेनी ने क्षोभ से कहा : तो और क्या कहूँ!

पामर ने लारेंस की ओर हाथ बढ़ा कर कह दिया : केवल शब्दों का फेर है, तथ्य तो यही है।

लारेंस ने बेटन उठा कर समझाने के लिये कहा : यदि तुम्हारे अनुमान को ही सत्य मान लें तो तुम लोग यह भी कह सकते हो कि वह अपनी आवश्यकता समझने वाले की आवश्यकता समझ कर प्रेम से बच नहीं सकी। प्रेम क्या होता है, अन्तरतम आवश्यकता की परस्पर पूर्ति का सम्बन्ध। लारेंस ने पामर की ओर देखा : समझते हो न!

पामर ने गहन विचार की मुद्रा में ठोड़ी पकड़ कर स्वीकार किया : हाँ-हाँ, यदि इंसान गलत काम न करे तो ठीक ही है।

जेनी ने क्रोध में सोफा की बाँह पर हाथ पटक दिया : क्या ठीक है! यह गलत काम नहीं तो क्या है…तुम इसे प्रेम कहोगे!

पामर सिगार मुँह की ओर ले जा रहा था, उसे परे हटा कर बोल पड़ा : नहीं-नहीं, इसे सच्चा प्रेम तो नहीं कहा जा सकता।

लारेंस ने पामर की ओर झुक, बहुत गम्भीरता से पूछा : सच्चा प्रेम क्या होता है? किसी को गहरायी से समझ कर अपना लेना, उसके लिये सब कुछ करने को तैयार हो जाना, उसके बिना रह न सकना ही प्रेम होता!

जेनी झुँझलाहट वश में करके बोली : मिस्टर लारेंस, क्या कहे जा रहे हैं? सीमा और औचित्य का ख्याल भी तो होता।

पामर बोल पड़ा : बिलकुल-बिलकुल, सीमा और औचित्य का विचार न हो तो प्रेम और लम्पटता में अन्तर ही क्या रह जाता है?

लारेंस ने पामर की ओर घूम कर पूछ लिया : तुम्हारा अभिप्राय है, प्रेम केवल मन और विचार से होना चाहिये, व्यवहार में नहीं?

पामर ने जेनी की ओर देख कर कहा : यह प्रेम नहीं, यह तो असामाजिक और गैर-जिम्मेदार काम है, जुर्म है।

लारेंस की भवें उठ गयीं। उसने जेनी और पामर की ओर देखा। कंधे कुर्सी की पीठ से सटा लिये। दायीं टाँग को बायें घुटने पर रख लिया। पल भर सोचने के लिये बेटन से जूते की एड़ी को टकोरा और पूछ लिया। इसमें जुर्म क्या है? सुनो, यदि तुम मुझे खबर देते कि विनी ने आत्म-हत्या का प्रयत्न किया है तब मुझे उस प्रयत्न को कानून जुर्म समझ कर उसकी तहकीकात करनी चाहिये थी। यदि तुम यह शिकायत करो कि उसने प्रेम से विह्वल होकर फैंटम को अपना लिया है या उसे आत्म-समर्पण कर दिया है, उसके साथ चली गयी है तो यह जुर्म नहीं है। कानून का इसमें कोई दखल नहीं है। इस मामले में पुलिस कुछ नहीं कर सकती। उस पर किसी भी अपराध अथवा अनैतिकता का आरोप नहीं लगाया जा सकता। क्या आप लोग अधेड़ उम्र के स्त्री-पुरुषों के खिलाफ एक-दूसरे को बहका लेने की शिकायत करना चाहते हैं?

जेनी ने क्रोध में आँसू पोंछ कर कहा : मिस्टर लारेंस, अनैतिकता और क्या होती है! डायन इतने दिन मर जाने की इच्छा का स्वांग करती रही और बारह घंटे में ही बह गयी। सुबह साढ़े आठ यहाँ से रोती-रोती गयी थी और अब संध्या साढ़े आठ यह गुल खिला दिया।...जेनी ने आँखें पोंछ लीं : भाड़ में जाये चुड़ैल! स्वांग भी कैसा; लोगों को अपने गम से बहलाने के लिये सूख कर आधी रह गयी।

लारेंस जेनी की ओर घूम गया : जेनी, क्षोभ में अपना कजिन के साथ ऐसा अन्याय मत करो! उसने बेटन के दोनों सिरे अपने हाथों में दबा कर कहा : अपने बात से मत फिरो। पाँच मिनट पहले तुम्हारे शब्द थे—वह जीवन को असह्य समझती थी, यहाँ तक कि आत्म-हत्या के लिये तड़प रही थी। जीवन को असह्य समझ कर अपने आपको मिटा देने का विचार निरन्तर उसके मन में बसा हुआ था। जीवन साथी को खो देने की वेदना में और मानसिक यातना में सूख कर आधी रह गयी थी।...लारेंस का स्वर और अधिक ऊँचा हो गया : अब तुम कह रही हो, स्वांग कर रही थी। जेनी...लारेंस का स्वर कुछ आर्द्र हो गया : स्वांग के लिये महीनों अपने आपको तिल-तिल करके नहीं जलाया जा सकता। विनी के लिये प्रेम के आधार के बिना अकेले रहना असह्य था।

वह सचमुच मर जाना चाहती होगी। साधारण समझ की बात है, उसने न तब स्वांग किया था, न अब स्वांग किया है। उसने विनी का पत्र फिर जेनी को दिखाया : यह पत्र उसकी सहृदयता, स्पष्टवादिता और ईमानदारी का प्रमाण है, फरेब और स्वांग का नहीं। बारह घंटे पूर्व उसको मर जाने की इच्छा सत्य थी, इस क्षण जीते रहने की इच्छा भी उतनी ही सत्य है। वह जिस सहारे के बिना जिन्दा नहीं रह सकती थी, वह सहारा सामने आने पर उसकी जीवित रहने की इच्छा ने उस सहारे को पकड़ लिया। बताओ, तुम उसे जिन्दा नहीं रहने देना चाहती, मार डालना चाहती हो!

जेनी विरोध की उत्तेजना में आगे झुक कर बोली : मिस्टर लारेंस, आप इसे सत्य कहते हैं! एक की याद में बिलखना, भावोन्मेष में आत्महत्या की बात सोचना और दूसरे के गले लिपट जाना—क्या यह सम्भव है, स्वाभाविक है? क्या इंसान कुछ घंटों में ऐसे बदल सकता है?

पामर ने पत्नी के समर्थन में सिर हिलाया : जी नहीं, इतना परिवर्तन स्वाभाविक और सम्भव कैसे हो सकता है!

लारेंस ने जेनी के क्षोभ के प्रति सहानुभूति में समझा सकने के लिये उसकी आँखों में देखा : जेनी, तथ्य तुम्हारे सामने है। और उसने पामर की ओर भी देख लिया : तुम अपनी धारणा के कारण उस तथ्य से इंकार कर देना चाहते हो। इसमें क्या अस्वाभाविक, क्या असम्भव और क्या असत्य है? इसमें एक का और दूसरे का, इसका या उसका क्या प्रश्न है?···लारेंस का स्वर विचार में धीमा हो गया : प्रश्न तो भावोन्मेष के कारणों और उसका आवश्यकताओं का है। प्रेम जीवन की माँग होता है और प्रेम-पात्र उस माँग को पूरा करता है। प्रेम-पात्र कोई भी व्यक्ति हो सकता है। प्रेम-पात्र या व्यक्ति प्रेम का उन्मेष पूरा कर सकने के कारण ही अच्छा या प्यारा लगता है। तुम्हारे लिये संसार में···लारेंस ने मुस्कर कर पामर की ओर संकेत किया : इस गधे से बढ़ कर कोई नहीं है···।

जेनी ने झपट कर लारेंस के हाथ से बेटन छीन ली और उसकी बाँह पर जड़ दी : शट अप, नहीं तो मारूँगी!···बहुत बेलगाम हो गये हो!

पामर बोल पड़ा : नो डकी नो, ही इज जोकिंग (वह मजाक कर रहा है।)

जेनी की हँसी फूट गयी। पामर और लारेंस दोनों गद्गद हो गये।

लारेंस ने जेनी को हँसा लेने में सफल होकर गम्भीरता से बोला : तुम लोग इसमें मन का परिवर्तन और औचित्य का स्खलन देख रहे हो इसलिये यह तुम्हें अनैतिक, अस्वाभाविक और असम्भव लग रहा है। क्षोभ छोड़ कर जरा तटस्थता से देखो। लारेंस जेनी की ओर घूम गया : सुनो, विनी जो कुछ रोमी से चाहती थी, वही फैंटम से चाहती है। इसलिये वह रोमी के लिये जो कुछ कर सकती थी, फैंटम के लिये भी वही करना चाहेगी। जब बिना छल के किसी संतोष का पूरा मूल्य चुकाया जा रहा हो तो उसे अनैतिकता नहीं कहा जा सकता।···लारेंस ने बेटन को बायीं हथेली पर मार कर कहा : जरा गौर करो, इसमें विनी की मूल भावना और अन्तरतम प्रवृत्ति में क्या परिवर्तन या गिरावट आयी! बताओ, तुमने विनी के लौटने पर कल्पना कर ली थी कि विनी समाधि पर जाकर भावोन्मेष में विकल हो गयी होगी, उसने आत्महत्या कर ली होगी। मैं ठीक कह रहा हूँ न!···लारेंस ने पामर की ओर देख कर पूछा : जेनी ने यही कल्पना की थी न?

पामर तुरन्त उत्तर देने की उत्सुकता में सिगार का धुआँ दूर न फेंक सका, धुआँ फैलकर उसकी आँखों में लग गया। उसने चरचराती पलक झपका कर उत्तर दिया : अपनी बहिन है इसलिये देवी समझ लिया। न जाने क्या-क्या क्लपनायें बाँध लीं! मैंने तो समझाया था, तुम व्यर्थ अधीर हो रही हो, कहीं रुक गयी होगी। देख लो, वही हुआ।···पामर ने जेनी की ओर देख लिया : गलत कह रहा हूँ?

लारेंस ने समझाने के लिये बेटन उठा कर जेनी की ओर देखा : खैर, अब उस दुष्कल्पना के बजाय साधारण समझ से दूसरी बहुत संभव और स्वाभाविक कल्पना करो। विनी समाधि पर जाकर भावोन्मेष में विह्वल हो गयी, यहाँ तक हम सहमत हैं। विनी ने अपनी ही तरह विह्वल और अधीर दूसरे व्यक्ति को देखा और उस व्यक्ति ने भी विनी को अपनी ही तरह विह्वल और अधीर अवस्था में पाया। लारेंस ने बेटन को फिर बायीं हथेली पर मारा : बाताओ ऐसी अवस्था में तुम उन दोनों से परस्पर कैसी प्रतिक्रिया और व्यवहार की आशा करोगे? यदि दोनों सहृदय और उदार प्रकृति के व्यक्ति हैं, जैसा कि तुम विनी को पन्द्रह मिनट पहले तक बता रही थी, तो उन दोनों में एक दूसरे के लिये करुणा, सहानुभूति, सांत्वना और सहारा देने की अदम्य इच्छा उमड़

जाना स्वाभाविक और अपेक्षित है या नहीं? विश्वास करो, वे स्वयं जितने अधिक अधीर होंगे, उनमें जितनी अधिक इन्सानियत होगी, जितनी अधिक करुणा और सहृदयता होगी, वे उतनी ही जल्दी और अधिक वेग से द्रवित हो एक-दूसरे को सांत्वना और सहारा दिये बिना नहीं रह सकेंगे। इसमें बदल जाना अथवा गिरावट क्या है! यह तो बदलना, अवसर छिन जाने पर भी प्रेम की आवश्यकता की अनुभूति को छोड़ न सकना, प्रेम की आवश्यकता को दबा न सकना हुआ। यदि विनी भावशून्य और निष्ठुर हो जाती, प्रेम के स्थान पर घृणा करने लगती, तब बदलना या हृदय परिवर्तन हो जाता। कोई निर्दयता, ईर्ष्या, घृणा या असहानुभूति से विनी की सहृदयता को गले लिपट जाना भी कह सकता है परन्तु प्रेम गले लिपटना ही होता है। गले न लिपटें तो प्रेम क्या हुआ!···लारेंस ने पामर को सम्बोधन किया : बताओ तुम प्रेम में गले नहीं मिलते···?

जेनी ने फिर लारेंस की छड़ी छीन ली : बहुत मारूँगी!

पामर ने हाथ उठा कर मना किया : नो डियर, यह तो मजाक है। जेनी नें खिन्नता दिखायी : तुम्हें यह मजाक की स्थिति लग रही है। लारेंस गम्भीर हो गया : नहीं मैं मजाक नहीं, सहानुभूति से व्यवहार की बात कह रहा हूँ। प्रेम क्या होता है! देखो, जब सहृदयता में पसन्द भी मिल जाती है तो प्रेम हो जाता है।

जेनी उत्तर न सूझ सकने पर भी निरुत्तर न हुई : सहृदयता!···परन्तु नैतिकता की उपेक्षा कैसे की जा सकती है!

पामर बोल पड़ा : हाँ-हाँ, नैतिकता तो मुख्य चीज है, नैतिकता के बिना तो ढाँचा ही बिगड़ जायेगा, सब गड़बड़ हो जायेगा। फिर तो किसी का डर, लिहाज ही नहीं रहेगा।

लारेंस जरा मुस्करा दिया : भाई मेरे, नैतिकता, डर लिहाज को नहीं कहना चाहिये। हमारी औचित्य और अनौचित्य सम्बन्धी धारणायें ही नैतिकता होती हैं। बताओ अपने दुःख की अनुभूति से दूसरे के लिये विह्वलता अनुभव करना अनैतिकता है? दूसरे की विह्वलता में सांत्वना और सहायता दे सकने की इच्छा से विवश हो जाना अनैतिकता है? परस्पर सहारा बनना अनैतिकता है? मित्र, परस्पर सहारा बनना ही प्रेम होता है, उसे स्वार्थ और धोखा नहीं कहा जा सकता। जहाँ स्वार्थ और

धोखा नहीं, उसे अनैतिकता नहीं कह सकते…क्या निस्वार्थ समर्पण नैतिकता नहीं है? लारेंस ने जेनी की ओर देख लिया।

पामर ने कश खींच कर कहा : वह बात दूसरी है परन्तु प्रेम की नैतिकता और भक्ति से होती है।

जेनी ने पति का समर्थन किया : प्रेम तो सम्बन्ध की निष्ठा को कहना चाहिये। वहीं नैतिकता है।

लारेंस ने चलने के लिये कनखी से घड़ी की ओर देख कर स्वीकार किया : ठीक कह रही हो प्रेम के निष्ठा क्या होती है! प्रेम को सम्बन्ध की निष्ठा से निबाहा जाता है। निष्ठा का प्रश्न तो प्रेम हो जाने के बाद आता है। निष्ठा शून्य से नहीं, पात्र से निबाही जाती है, मानती हो न! प्रेम सम्बन्ध से प्राप्त संतोष ही निष्ठा को जन्म देता है। विनी उसी के बिना अधीर थी।

पामर ने आपत्ति की : वाह, निष्ठा तो व्यक्ति से होती है!

लारेंस ने उत्तर देने के लिए कन्धे फिर कुर्सी की पीठ से लगा लिये : कह चुका हूँ व्यक्ति में निष्ठा प्रेम के सम्बन्ध की दृढ़ता से होती है। प्रेम-पात्र जीवन की आवश्यकता को जितनी गहरायी, व्यापकता और वेग से पूरा करता है, उतनी ही गहरी दृढ़ निष्ठा पा सकता है। प्रेम की आवश्यकता, प्रेम भावना की पूर्ति का संतोष और उस संतोष को निरन्तर इच्छा और आशा ही प्रेम-पात्र में निष्ठा और प्रेम-पात्र के लिये उत्सर्ग की भावना उत्पन्न करती है। विनी को वर्तमान स्थिति में पहले वह आवश्यकता पूर्ण होनी चाहिये, तब उसकी निष्ठा की परख का प्रश्न आयेगा।

लारेंस ने बेटन के संकेत से पामर को सम्बोधन किया : तुम और जेनी परस्पर सन्तुष्ट हो क्योंकि एक-दूसरे को परस्पर प्रेम की आवश्यकता पूरी करने योग्य पाते हो। तुम एक-दूसरे से सन्तुष्ट हो, उसे निष्ठा से निबाह रहे हो, निबाहते रहना चाहते हो लेकिन बताओ लारेंस ने बेटन के संकेत से प्रश्न किया : यदि तुमने बर्मा या इंगलैंड जन्म पाया होता और …लारेंस ने जेनी की ओर संकेत किया : वह युवती तुम्हारे मार्ग में न आती, इससे भी अधिक आकर्षक युवती…। लारेंस ने जेनी की ओर देखा : क्षमा करना…।

जेनी ने होंठ सिकोड़ कर कहा : मैं कहाँ आकर्षक हूँ, मैं तो सामान्य हूँ।

लारेंस ने अस्वीकृति में सिर हिला कर इन्कार किया : खैर!···और पामर को सम्बोधन कर कहता गया : तब भी तुमने जीवन की आवश्यकता के रूप में किसी सुन्दर स्त्री से प्रेम किया होता। प्रेम तो हो सकने के लिये कोई सहारा और साधन चाहता है, देश-काल में जो भी उस आवश्यकता को पूरा कर दे।

जेनी ने असंतोष प्रकट किया : नो-नो, मेरिजेज आर मेड इन हैवेन (विवाह ईश्वर की इच्छा से होते हैं) लव इज रिप्रचुअल रिलेशन (प्रेम आत्मिक सम्बन्ध होता है)।

पामर ने पत्नी का उत्साह बढ़ाने के लिये साग्रह समर्थन किया : निश्चय, निश्चय नहीं, तो विवाह और प्रेम का स्थायित्व क्या हो सकता है?

लारेंस हँस दिया : वाह मेरे शेर, तुम ईश्वर की सहायता से प्रेम करते हो! जेनी की भवें उठती देख, वह गम्भीर हो गया : लेकिन मुझे तो प्रेम में ईश्वर का दखल नहीं जान पड़ता। बहुत से लोग प्रेम में आत्मसमर्पण और उत्सर्ग करने के बाद अपनी भूल के लिये पछताते हैं और उस भूल को सुधारना चाहते हैं। प्रेम को दैवी आदेश मानें तो यह भी कहना होगा कि बहुत से बच्चे प्रेमी युगलों को—तुम विनी और रोमी का उदाहरण ले लो—प्रकृति और भगवान एक-दूसरे का साथ निबाहने का अवसर नहीं देते। मेरे विचार में ऐसी भूलों का उत्तरदायित्व भगवान् पर नहीं डालना चाहिए। भगवान् तो नर-नारियों के जीवन को सार्थक और सफल बनाने के लिये प्रेम की शक्ति उत्पन्न कर देता है और प्रेम की शक्ति चरितार्थ होने के लिये अपनी अवाश्यकता पूर्ति का यत्न करती रहती है।

लारेंस ने उठने के लिये सोफा कुर्सी की बाँहों पर हाथ टिका दिये।

पामर तत्परता में कुर्सी पर सीधा हो गया : नन्हीं-नन्हीं, यह सब पश्चिम की बातें हैं, हम इंडियन हैं। विवाह और प्रेम के सम्बन्ध में हम लोग पश्चिम की तरह छिछले और अस्थिर नहीं हो सकते···झगड़ा हुआ, तलाक हो गया, नयी शादी हो गयी। इस हफ्ते विधुर-विधवा हुए दूसरे हफ्ते नयी शादी कर ली; जैसे एक नौकरी छूटी दूसरी कर ली, गेम

में पार्टनर बदल लिया। यह भी कोई आदमी है! उसने जेनी की तरफ देखा : क्यों डार्लिंग!

जेनी ने समर्थन किया : निश्चय, प्रेम सम्बन्ध में निष्ठा भारतीय नारी का कैरेक्टर है। यहाँ की संस्कृति और परम्परा में प्रेम और विवाह को आत्मिक सम्बन्ध माना गया है। आपने मैट्रिक के कोर्स में सावित्री-सत्यवान की कथा नहीं पढ़ी···वह है हमारी परम्परा का प्रतीक!

पामर ने सिर हिला कर समर्थन किया : हाँ, वह है भारतीय आदर्श। प्रेम और विवाह का सम्बन्ध मृत्यु से ही समाप्त नहीं होता। यह तो आत्माओं का सम्बन्ध होता है।

लारेंस ने कुर्सी पर करवट ली : हाँ-हाँ, हम इंडियन हैं, यह मुझे बताने की क्या जरूरत है! अपनी परम्परा को मैं भी जानता हूँ। तुम सावित्री के प्रेम को भारतीय नारी की निष्ठा का प्रतीक मानती हो न?

जेनी ने हामी भरी : जरूर।

लारेंस ने जेनी की ओर देखा : सत्यवान मर गया था तो सावित्री ने उसके बिना जी सकने से इन्कार कर दिया। मृत्यु के देवता यम से झगड़ पड़ी। सावित्री सत्यवान की स्मृति से अत्यधिक प्रेम निबाह कर तो सन्तुष्ट नहीं हुयी। बैठ कर उसके नाम की माला ही तो नहीं फेरती रही। उसने यम से झगड़ा किया। अपने प्रेम की पार्थिव—याद रखो पार्थिव—आवश्यकता के लिये यम से सशरीर सत्यवान को वापस माँगा।···लारेंस ने पामर की ओर देख कर पूछ लिया : क्यों भाई, ठीक कह रहा हूँ?

पामर ने दोनों हाथों के पंजे जोड़ कर कहा : हाँ-हाँ, एक तरफ से तो ठीक है।

लारेंस ने बेटन पामर की ओर उठा कर कहा : एक तरह से ठीक क्या होता है और दूसरी कौन तरह है? तुम्हें याद नहीं, सावित्री ने यम से वर माँगा था—यह न हो कि कल-परसों मेरे प्रेमी को फिर उठा ले जाओ।···सावित्री ने सत्यवान से अपने प्रेम की निष्ठा पूरी कर सकने के लिये यम से आग्रह किया—इसमें ऐसे प्राण डाल दो कि सौ पुत्र उत्पन्न कर सकने तक जवान बना रहे।

पामर हँस पड़ा : वाह, वाह! यह खूब मतलब निकाला!

जेनी ने बहुत कठिनता से मुस्कान दबा कर कहा : मिस्टर लारेंस, यू आर लिमिट!

लारेंस ने गम्भीरता और विनय से पूछ लिया : मैं गलत बात कह रहा हूँ तो ठीक बात आप ही बता दीजिये।…आत्मिक प्रेम से सौ पुत्र हो जायेंगे! सावित्री की निष्ठा में आत्मिक प्रेम की कल्पना थी या पार्थिव की आवश्यकता?

पामर उत्तेजना में कुर्सी के किनारे खिसक आया : व्यक्तिगत निष्ठा का विचार न हो तो प्रेम क्या; फिर तो जैसे जूता फट गया और दूसरा जूता खरीद लिया।

लारेंस ने बेटन को दोनों सिरों से थाम, घुटनों पर दबा कर पामर की ओर घूर कर देख : सुनो, विनी को गाली देना चाहते हो इसलिये प्रेम के अभाव की पूर्ति के लिये उसके प्रयत्न की तुलना तुम नया जूता ले लेने से कर रहे हो। यह बताओ, जूता न रहने पर पाँवों के कष्ट या व्याकुलता की चिन्ता तो उचित समझोगे, उस आवश्यकता को पूरा करना भी उचित कहोगे परन्तु तुम्हारी दृष्टि में जीवन के सहारे या प्रेम की पूर्ति के साधन के अभाव का कोई महत्व नहीं? भले आदमी, जूता तो केवल पाँव की आवश्यकता होती है, प्रेम जीवन के अन्तरतम की; स्वयं जीवन की आवश्यकता होती है।…लारेंस का स्वर ऊँचा हो गया : प्रेम जीवन की सबसे बड़ी ऊँची और उदात्त भावना होती है। यही भावना सृष्टि का अवलम्ब और जीवन का प्रयोजन होती है। इस भावना का बल और महत्व व्यक्तियों से कहीं अधिक होता है। इस भावना के पूर्ण न होने पर जीवन व्यर्थ और बोझ हो जाता है। तुम उस भावना और प्रेरणा को अभिव्यक्त करने वाली आवश्यकता की खिल्ली उड़ाना चाहते हो!

जेनी ने खिन्नता से सिर हिलाकर कहा : मिस्टर लारेंस, तुम तो ऊँचे आदर्शों का भी मजाक उड़ा देते हो। दिवंगत के प्रति श्रद्धा और प्रेम की स्मृति भी कोई चीज होती है। बेचारे को इतनी जल्दी भुला दिया। बता नहीं सकती कि रोमी उसे प्यार करता था! जरा भी अत्युक्ति नहीं है, डायन के कदमों के नीचे हथेली रखता था…लगता था, दोनों के कलेजे एक ही साँस से धड़कते थे। विरह में प्राण देने की इच्छा के इतने नखरे और उन्नीस वर्ष के प्यार और साथ की स्मृति से ऐसी दगा।

पामर ने बहुत गहरे श्वास से सिर हिलाया : ओह, सचमुच किसी पर क्या विश्वास किया जा सकता है।

लारेंस ने बेटन को बायीं हथेली पर मार, बहुत गम्भीर हो तिरछी नजर से पामर को सम्बोधन किया : मुझे तो विनी के व्यवहार में न नखरा दिखायी देता है, न दगा। उसने जेनी की ओर देखा : तुम्हारे ख्याल में बीते उन्नीस वर्षों के प्रेम और साथ की स्मृति का ही मूल्य है, उसके जीवन के वर्तमान और भविष्य के लिये अब प्रेम की आवश्यकता का महत्व और मूल्य नहीं है! प्रेमी की स्मृति बहुत मूल्यवान होती है, इसीलिये यह बहुत व्याकुल भी करती है। जीवन में जिस प्रेम से जितना अधिक संतोष मिलता है, उसे भूलना उतना ही अधिक कठिन होता है। लारेंस ने बेटन फिर बायें हाथ पर मार कर पामर की ओर देख : तुम समझना क्यों नहीं चाहते, यदि विनी को रोमी के बजाय कोई बुद्धू गोद्दा पति मिला होता, जिसने विनी की प्रेम की शक्ति अथवा आवश्यकता को इतना प्रचंड न कर दिया होता तो संभव है वह शैथिल्य में निष्क्रिय पड़ी रह जाती। विनी ने अपने जीवन में रोमी से जो संतोष पाया, उसका निश्चय ही बहुत मूल्य था। उस संतोष का विनी पर इतना गहरा प्रभाव पड़ा कि वैसे संतोष के अभाव में जी नहीं सकती थी। वह जीवित है इसलिये उसे अब भी प्रेम के सहारे की आवश्यकता है। रोमी से पाये प्रेम के अभ्यास का ही यह प्रभाव है। वह प्रेम और प्रेम के सहारे के बिना जी नहीं सकती···।

पामर ने टोक दिया : क्या कहना, बहुत अच्छा बदला दिया है रोमी के प्रेम का···क्यों? उसने जेनी की ओर देखा।

जेनी बहिन के इस व्यवहार के लिये आँख नीची कर दीर्घ निश्वास लेकर रह गयी।

लारेंस ने पामर की ओर देखा लेकिन जेनी को सम्बोधन कर बोला : तुम खिन्न न होना; बताओ विनी के लिये रोमी क्या था? प्रेम-पात्र क्या होता है? विनी रोमी से जो संतोष पाती थी, वही उसके लिये रोमी था। रोमी स्मृति का अर्थ उस संतोष की चाह है। रोमी को निरन्तर याद करने का अर्थ होगा, उस संतोष को चाह बनाये रखना, उस चाह को तीव्र करते रहना । उस चाह को अनुभव करना, रोमी को भूल जाना नहीं है। इसमें धोखा, दगा क्या है! रोमी तो चला गया परन्तु विनी जीवित है। रोमी को याद करके वह प्रेम और प्रेम के सहारे की आवश्यकता को अनुभव करती रहती है। जीवन के उस सहारे और आवश्यकता के

अभाव में ही वह जीवन को असम्भव समझ रही थी। सावित्री की तरह व्याकुल होकर भाग्य से लड़ रही थी। विनी सावित्री की तरह फैंटम में सत्यवान या रोमी को पुनः पा रही है।

जेनी की आँखों में आँसू लटक आये, उसने होंठ काट लिये : प्लीज···मिस्टर लारेंस, रोमी का ऐसा अपमान न कीजिये!

लारेंस बेटन को दोनों हाथों से पकड़ कर पल भर मौन रहा : खेद है, तुमने मुझे गलत समझा। मैं दिवंगत का अपमान क्यों करूँगा! तुम कहती हो—रोमी विनी को प्राणों से अधिक प्यार करता था। इसके लिये मैं उसका आदर करता हूँ। माना, रोमी की आत्मा अब भी विनी को प्यार करती होगी!···लारेंस ने झिझक कर बहुत गंभीरता से जेनी की आँखों में देखा : क्षमा करना, मैं मजाक नहीं कर रहा हूँ। तुम प्रेम को आत्मिक सम्बन्ध बताती हो, प्रेम को आत्मिक सम्बन्ध ही मानना हो तो सभी आत्मायें आपस में प्यार कर सकती हैं परन्तु प्रेम जीवन की पार्थिव आवश्यकता और सम्बन्ध भी है। तुम इन्कार भी नहीं कर सकतीं, रोमी की आत्मा शारीरिक कामनाओं और ईर्ष्या-द्वेष से मुक्त हो चुकी है। बताओ, तुम्हारा क्या विचार है···रोमी की आत्मा विनी को शेष जीवन अतृप्त प्रेम की आवश्यकता से कलपती, दम तोड़ती देखना चाहेगी या उसे तृप्त और संतुष्ट देख कर सुखी होगी?
